UTIL

COCINA
italiana

PAULA BRANDANI

Gárgola ®
ediciones

Dirección Editorial
Utilísima

División Libros
Eugenia Bandin
Alberto Rocchi

Supervisión
Alicia Rovegno

Producción
Aurora Giribaldi

Diseño
M&A - Diseño y Comunicación

Producción fotográfica
Graciela Boldarín

Fotografía
Sebastián Israelit

Corrección
Gabriel Valeiras

Producción Industrial
Gárgola Ediciones

Título: Cocina Italiana
Autor: Paula Brandani

Brandani, Paula
   Cocina italiana - 1a ed. - Buenos Aires : Gárgola, 2006.
   248 p. ; 22x15 cm.

   ISBN 950-9051-87-X

   1. Cocina Italiana. I. Título
   CDD 641.594 5

ISBN-10: 950-9051-87-X
ISBN-13: 978-950-9051-87-4

Gárgola Ediciones
Balcarce 1053, Of. 2 (1064) - Ciudad de Buenos Aires
www.gargolaediciones.com.ar - ventas@gargolaediciones.com.ar

Dedicatoria

Dedico este libro a mis hijos, Robert y María Grazia, que son mis amores, y a todos los que me apoyaron en este proyecto.

Agradecimientos

A Ernesto Sandler y a **Utilísima**, *que me dieron la oportunidad de llegar a ustedes a través de este libro.*
A Alicia Rovegno, que siempre me acompañó con sus consejos y palabras de aliento.
A Choly Berreteaga, conductora de nuestro programa Cocina Fácil, *por brindarme un espacio dentro de él.*
Un agradecimiento especial a mi fiel e incondicional colaboradora Cristina Paván.

Palabras de la autora

L a celebración de la comida y el vino es, para los italianos, una ceremonia llena de significado espiritual, que no se reserva sólo para las grandes ocasiones. La pasión por los buenos platos, el esmero en su preparación, la alegría de saborearlos y compartirlos van pasando de generación en generación, hasta transformarlos en clásicos.

Bolonia es reconocida dentro y fuera de Italia como *"Bologna la grassa"* (Bolonia la gorda) por su cultura culinaria y su gran variedad de productos típicos famosos en el mundo, como el queso *parmigiano*, el aceto balsámico, el jamón de Parma, la pasta al huevo y muchos más.

Nací en esa suculenta ciudad, capital de Emilia-Romaña, donde sentarse a la mesa es una fiesta cotidiana. Las mujeres de mi casa, mi madre y mi abuela, nos enseñaron, a mis hermanas y a mí, el arte del buen comer.

Aunque en la actualidad resido en Buenos Aires, no dejo de viajar anualmente a mi país natal, donde recorro todas las zonas para aprender, en cada lugar donde me detengo, las especialidades y las nuevas tendencias.

Mi trabajo me encanta. Me hace feliz preparar platos simples, con pocos ingredientes, pero de excelente calidad, rústicos o refinados, frescos y aromáticos. Mi cocina tiene un ingrediente infaltable: amor.

Quiero compartir con ustedes, en estas páginas, recetas clásicas, modernas y de familia, de distintas regiones de Italia: Lombardía, Toscana, Liguria, Apulia, Lacio, Sicilia y tantas otras, cuyas cocinas se lucen con deleites *squisitissimos*.

Paula Brandani

Entradas
Tibias, frías y calientes

Gli antipasti
Tiepidi, freddi e caldi

El mejor momento para comer
es cuando se tiene hambre.

Il momento migliore per
mangiare é quando si ha fame.

Gnocchini fritos

Gnocchini fritti

∞

INGREDIENTES

10 PORCIONES

> **750 g de harina**
> **30 g de manteca blanda**
> **1 huevo**
> **2 cucharadas de aceite de oliva**
> **1 cucharadita de bicarbonato de sodio**
> **1 vaso de leche tibia**
> **1 pizca de sal**
> **aceite de maíz para freír**
> **azúcar para espolvorear (optativo)**

Colocar la harina en forma de corona sobre la mesa. Poner en el centro la manteca blanda, el huevo, el aceite de oliva, el bicarbonato, la leche y la sal. Unir todo hasta formar una masa consistente y bien sobada.

Estirar la masa hasta dejarla de 5 mm de espesor. Cortar tiras de 10 a 15 cm de ancho. Dividirlas en triángulos, rectángulos o cuadrados de tamaño parejo.

Freír las piezas en una sartén con abundante aceite de maíz, dorándolas de ambos lados. Escurrir sobre papel absorbente.

Si se desea, espolvorear con azúcar.

Servir tibias, para acompañar fiambres y quesos.

 Especialidad familiar y regional de la Emilia-Romaña, de origen campesino.

Cannoli rellenos
con queso a las hierbas

Cannoli farciti con formaggio alle erbe

.... ✆✆ ....

6 PORCIONES

Masa

Mezclar la harina con la margarina, la sal y el agua hasta formar una masa. Amasar bien. Dejar descansar 30 minutos.
Estirar la masa hasta que resulte bien fina.
Cortar cuadrados de 12 cm de lado. Pincelar con agua y envolver con cada cuadrado un molde para cannoli, uniendo las puntas opuestas en el centro.
Freír por tandas en aceite caliente, escurrir y retirar con cuidado los moldes. Reservar los cannoli al calor.

Relleno

Procesar los quesos hasta combinarlos.
Condimentar con hierbas aromáticas, peperoncino y sal. Agregar la crema batida a punto armado. Unir con suavidad.
Colocar la preparación en una manga y rellenar los cannoli.
Presentar con hojas verdes condimentadas con aceite de oliva y limón o aceto balsámico.

Nota

Los moldes para cannoli son tubos metálicos de 12 cm de largo y 2,5 cm de diámetro.

INGREDIENTES

Masa
> 300 g de harina 0000
> 80 g de margarina
> 1 pizca de sal
> 100 cc de agua
> aceite para freír

Relleno
> 350 g de queso ahumado
> 300 g de queso de cabra
  a las hierbas, tierno
> hierbas aromáticas
  a elección
> peperoncino en polvo,
  sal
> 250 cc de crema
  de leche
> hojas verdes para
  acompañar
> limón o aceto balsámico

Tostadas rústicas
con espárragos

Crostoni rustici con asparagi

INGREDIENTES 6 PORCIONES

> 1 atado de espárragos
> sal gruesa
> 2 baguettes
> 50 g de manteca
> 6 huevos
> 5 cucharadas de leche
> sal, pimienta
> orégano fresco

Limpiar los espárragos con un pelapapas para retirar la parte externa más fibrosa; descartar el extremo duro. Cocinar en agua hirviente salada de 5 a 10 minutos. Escurrir, cortar por el medio y reservar.

Cortar el pan en rebanadas finas al sesgo. Calentar la mitad de la manteca en una sartén grande y dorar las rebanadas de pan, de ambos lados.

En un bol batir ligeramente los huevos junto con la leche, sal y pimienta a gusto.

Calentar el resto de la manteca en una sartén. Verter el batido de huevos y revolver hasta que coagule, controlando que resulte cremoso.

Distribuir el revuelto sobre las rebanadas de pan. Ubicar un espárrago cortado encima de cada una. Espolvorear con orégano picado.

Servir de inmediato, antes de que el revuelto se enfríe.

Tostaditas florentinas

Crostini fiorentini

6 PORCIONES

Cortar el pan en rebanadas finas. Freírlas en aceite caliente o tostarlas en el horno.
Picar finamente la cebolla y el apio. Sofreírlos juntos en una sartén con un poco de aceite de oliva.
Limpiar los hígados de pollo, añadirlos al sofrito y cocinar de 5 a 10 minutos.
Verter el vino y dejar que se evapore el alcohol. Salpimentar a gusto.
Agregar las alcaparras picadas. Cocinar 15 minutos más; si fuera necesario, incorporar el caldo. Dejar enfriar.
Pasar la preparación por el mixer o por la procesadora, hasta que se forme una pasta.
Untar las tostadas con la pasta y servir.

INGREDIENTES

> **500 g de baguettes de 1 o 2 días**
> **aceite para freír (optativo)**
> **1/2 cebolla**
> **1 tallo de apio**
> **aceite de oliva**
> **250 g de hígados de pollo**
> **1 vaso chico de vino blanco seco**
> **sal, pimienta**
> **1 cucharada de alcaparras**
> **1 vaso chico de caldo de carne**

Variedad de brusquetas
Varietá di bruschette

꩜

12 PORCIONES

> 2 baguettes
> 1/2 taza de aceite
  de oliva
> sal, pimienta
> 1 diente de ajo

Cubierta 1
> 500 g de tomates
  maduros
> 1 planta de albahaca
> 1 diente de ajo
> 1 cucharada
  de alcaparras

Cubierta 2
> 1 atado de rúcula
> 100 g de salamín
> 150 g de queso
  parmesano

Cubierta 3
> 2 peras
> 150 g de queso brie
> 1 cucharada de semillas
  de sésamo
> menta fresca

Cortar el pan al sesgo en rebanadas de 5 mm de espesor. Unir el aceite con sal, pimienta y el ajo finamente picado. Pincelar con la mezcla las rebanadas de pan. Dorar en el horno, de ambos lados. Una vez frías se pueden guardar hasta 1 semana en un recipiente hermético. Justo antes de servir, completar con la cubierta elegida.

Cubierta 1
Mezclar los tomates cortados en cubitos, la albahaca cortada con tijera, el ajo finamente picado y las alcaparras. Aderezar con aceite de oliva, sal y pimienta.

Cubierta 2
Condimentar la rúcula con aceite de oliva y sal. Colocar 1 o 2 hojas sobre cada brusqueta, encima una rodaja de salamín y por último unas escamas de parmesano.

Cubierta 3
Cortar en tajadas finas las peras con piel. Disponer sobre cada brusqueta 1 o 2 tajadas de pera y una lámina de queso brie. Terminar con sésamo tostado y una hoja de menta.

Ensalada caprese

Insalata caprese

6 PORCIONES

Elegir mozzarellas de buena calidad y tomates en su punto justo de maduración.
Cortar ambos ingredientes en rodajas.
Acomodarlos en forma armoniosa sobre un plato redondo, grande.
Rociar con aceite de oliva. Esparcir albahaca y orégano picados. Sazonar con sal y pimienta recién molida.

INGREDIENTES

> **2 mozzarellas**
> **4 tomates**
> **aceite de oliva**
> **albahaca fresca**
> **orégano fresco**
> **sal, pimienta**

Notas

- La presentación de esta ensalada, aunque es siempre sencilla, admite algunas variantes. Se puede formar una corona, alternando los ingredientes y encimando parcialmente las rodajas, o armar torres con tomate, mozzarella, albahaca, nuevamente tomate, una aceituna verde y otra hoja de albahaca. A mí me gusta colocar en el plato una base de rúcula, para resaltar el colorido del conjunto. Unas lonjas de jamón crudo constituyen un excelente acompañamiento.
- La mozzarella tradicional de las zonas de Lacio y Campania (a la que pertenece la mágica isla de Capri) se elabora a partir de leche de búfala, aunque en la actualidad predomina la de leche de vaca, también llamada *fior di latte*. Sin duda, es el mejor queso para fundir, pero también resulta deliciosa si se come fresca. En armonía con los otros ingredientes característicos de la dieta mediterránea, ha hecho de esta ensalada un éxito mundial.

El delicado arte
del carpaccio
L'arte delicata del carpaccio

⚬⚬⚬

INGREDIENTES 6 PORCIONES

> **600 g de peceto o lomo**
> **4 cucharadas de aceite de oliva**
> **jugo de 1 limón**
> **sal, pimienta negra**

Cubierta 1
> **2 pimientos rojos**
> **2 pimientos amarillos**
> **4 cucharadas de aceite de oliva**
> **1 cucharada de aceto balsámico o vinagre de vino tinto**
> **1 diente de ajo (optativo)**
> **4 cucharadas de escamas de queso parmesano**
> **albahaca fresca**

Cubierta 2
> **1 corazón de apio bien blanco**
> **200 g de champiñones**
> **1 cucharada de perejil picado fino**
> **hojas de apio**
> **tostaditas para acompañar**

Utilizar carne muy tierna de primera calidad. Quitarle cualquier rastro de grasa o nervios que pudiera tener.

Enfriarla en el freezer alrededor de 1 hora, hasta que tome consistencia firme. Pasarla a la heladera y dejarla reposar durante 1 hora más. Retirarla y cortarla en tajadas muy finas, como fiambre. Acomodarlas en forma escalonada sobre una fuente.

Preparar una citronette mezclando el aceite de oliva con el jugo de limón colado, sal y pimienta a gusto. Rociar la carne y dejar marinar 30 minutos en la heladera.

Completar con la cubierta que se prefiera y servir de inmediato.

Cubierta 1
Cocinar los pimientos en el horno o en el grill. Dejar enfriar, pelar y cortar en tiritas. Aderezar con el aceite de oliva, el aceto o vinagre, el ajo picado fino (si se desea) y sal a gusto.

Ubicar sobre la carne los pimientos y las escamas de parmesano. Decorar con hojas de albahaca y servir.

Cubierta 2
Cortar el apio en ruedas finas. Filetear los champiñones.

Distribuir ambos ingredientes sobre la carne. Rociar con la misma citronette que ya se había empleado. Salpicar con el perejil. Decorar con hojas de apio.

INGREDIENTES

Servir enseguida, con tostaditas calientes.

Cubierta 3
Esparcir sobre la carne el queso parmesano cortado en láminas y las alcaparras. Adornar con hojas de albahaca.
Acompañar con ensalada de papas y chauchas.

Nota
Dado que el carpaccio no lleva cocción, es importante mantenerlo refrigerado hasta el momento de consumirlo. También hay que prestar atención a los tiempos, para evitar que un exceso malogre la sutileza de esta especialidad. Sea de carne o de pescado, puede conservarse en la heladera, cubierto con film, hasta 12 horas como máximo. Una vez condimentado con la citronette, no hay que dejarlo reposar más de 30 minutos.

Cubierta 3
> **150 g de queso parmesano**
> **1 cucharada de alcaparras**
> **albahaca fresca**
> **ensalada de papas y chauchas para acompañar**

El inventor del carpaccio fue Arrigo Cipriani, propietario del Harry's Bar de Venecia. Para halagar a una clienta noble que tenía que seguir una rigurosa dieta de carne cruda, preparó lomo de ternera fileteado como jamón y lo complementó con distintas cubiertas.
¿Cómo se iba a llamar este nuevo plato? Durante un paseo por la ciudad, Cipriani se encontró con una exposición de Carpaccio, el gran maestro de la pintura. Al ver esos cuadros donde predominaban los rojos intensos, tuvo la inspiración que buscaba para bautizar su creación gastronómica. Luego el carpaccio se hizo famoso en todas las cocinas del mundo.

Carpaccio de salmón

Carpaccio di salmone

∽ ⊘ ∽

INGREDIENTES

6 PORCIONES

> **300 g de filete de salmón rosado, en un trozo de 3 cm de espesor**
> **300 g de filete de salmón blanco, en un trozo de 3 cm de espesor**
> **sal, pimienta**
> **aceite de oliva**
> **jugo de limón**
> **3 paltas**
> **hojas verdes para acompañar**

Quitar con una pinza las espinas que pudieran tener los pescados. Envolverlos en film.
Llevar al freezer por 1 hora, hasta que estén semicongelados y ligeramente duros.
Retirar los pescados del freezer y, con un cuchillo bien afilado, cortar en láminas muy finas.
Acomodar el carpaccio en un plato, intercalando una hilera de salmón rosado y una hilera de salmón blanco.
Condimentar con sal y abundante pimienta.
Rociar con aceite de oliva y jugo de limón colado, a gusto.
Cubrir con film y llevar a la heladera. Dejar reposar de 30 a 40 minutos.
Antes de servir, pelar las paltas, filetearlas y rociarlas con jugo de limón para evitar que se oscurezcan.
Disponer las paltas por encima del carpaccio.
Acompañar con hojas verdes.

Timbales de centolla
y palta

Timballi di astice e avocado

〜∞〜

6 PORCIONES

Pelar las paltas y cortarlas en cubos pequeños. Mezclar con el jugo de limón, el queso mascarpone, sal, pimienta y la ciboulette. Reservar. Pasar por la procesadora la carne de centolla (dar sólo uno o dos pulsos). Colocarla en un bol. Unir con la mayonesa y la salsa tabasco. Forrar con film flaneras individuales. Disponer dentro una porción de palta, una de centolla y otra de palta. Presionar levemente cada capa con una cuchara, para compactar. Enfriar muy bien en la heladera y luego desmoldar. Decorar con camarones y láminas de palta. Acompañar con hojas verdes condimentadas con aceto balsámico, aceite de oliva, sal y pimienta.

INGREDIENTES

> **3 paltas grandes maduras**
> **jugo de 1/2 limón**
> **3 cucharadas de queso mascarpone**
> **sal, pimienta**
> **1 cucharada de ciboulette picada**
> **400 g de carne de centolla**
> **1 cucharada de mayonesa**
> **gotas de salsa tabasco**
> **camarones para decorar**
> **hojas verdes para acompañar**
> **aceto balsámico**
> **aceite de oliva**

Terrina de pescado
y almejas
Terrina di pesce e vongole

⚬⚬

INGREDIENTES

6 PORCIONES

> **600 g de filetes de abadejo**
> **14 g de gelatina sin sabor**
> **100 g de manteca blanda**
> **100 cc de crema ácida**
> **hierbas aromáticas (perejil, tomillo, orégano, ciboulette)**
> **1 copita de coñac**
> **200 g de almejas limpias**
> **sal, pimienta**
> **100 g de salmón ahumado**
> **aceto balsámico**
> **aceite de oliva**
> **mostaza de Dijon**
> **hojas verdes para acompañar**

Procesar el abadejo. Hidratar la gelatina en agua fría y disolverla al calor.

Batir la manteca blanda en un bol. Agregar la crema ácida, las hierbas finamente picadas, el coñac, las almejas, sal, pimienta, el abadejo y la gelatina. Mezclar bien.

Forrar con film un molde para terrina, angosto y de 30 cm de largo. Tapizar con láminas de salmón ahumado y llenar con la preparación de abadejo. Llevar a la heladera durante 12 horas. Desmoldar la terrina y cortar en tajadas. Servir con una vinagreta preparada con sal, pimienta, aceto balsámico, aceite de oliva y mostaza de Dijon. Acompañar con hojas verdes.

Nota

Para obtener la crema ácida, combinar 100 cc de crema de leche con 1/2 cucharada de jugo de limón y un toque de ralladura fina de limón.

Terrina de berenjenas
y queso de cabra
Terrina di melanzane e formaggio di capra

······································· ✆ ·······································

6 PORCIONES

Pelar las berenjenas, cortarlas en tajadas, pincelarlas con la mitad del aceite al ajo y grillarlas.
Hidratar la gelatina en el caldo y disolverla al calor. Procesar el queso de cabra con el resto del aceite al ajo, sal, pimienta, el perejil, la salsa de soja, el peperoncino, el mascarpone y la mitad de la gelatina.
Forrar con film un molde para terrina. Colocar dentro, en capas alternadas, las berenjenas y la mezcla de queso. Terminar con berenjenas y rociar con el resto de la gelatina. Llevar a la heladera hasta que solidifique.

Pesto de rúcula
Embeber el pan con el vinagre y exprimirlo. Colocar en la licuadora junto con 2 cucharadas de agua. Añadir los demás ingredientes y licuar hasta homogeneizar. Servir en quenelles, con la terrina cortada en tajadas.

INGREDIENTES

> 3 berenjenas grandes
> 100 cc de aceite de oliva al ajo
> 20 g de gelatina sin sabor
> 250 cc de caldo de verduras
> 400 g de queso de cabra
> sal, pimienta
> 1 manojo de perejil
> 2 cucharadas de salsa de soja
> 1 pellizco de peperoncino en polvo
> 200 g de queso mascarpone

Pesto de rúcula
> 3 rebanadas de pan casero
> 3 cucharadas de vinagre de alcohol
> 2 atados de rúcula
> 2 o 3 cucharadas de aceite de oliva
> 2 anchoas en aceite
> 1 cucharada de alcaparras
> 100 g de ricota

Arrolladitos
de berenjenas
Involtini di melanzane

INGREDIENTES   6 PORCIONES

- > **3 berenjenas**
- > **aceite de oliva**
- > **sal, pimienta**
- > **200 g de jamón cocido**
- > **300 g de queso de cabra**
- > **2 o 3 tomates**
- > **1 diente de ajo**
- > **albahaca fresca**
- > **hojas verdes para acompañar**

Cortar las berenjenas en finas tajadas a lo largo, sin pelarlas. Pincelarlas con aceite de oliva, salpimentarlas y grillarlas. Reservar.

Pasar por la procesadora el jamón junto con el queso de cabra, un poco de aceite de oliva, sal y pimienta a gusto, hasta lograr una textura homogénea.

Esparcir 1 cucharada de la preparación sobre cada tajada de berenjena. Enrollar y reservar.

Pelar los tomates y cortarlos en cubitos. Condimentarlos con el ajo finamente picado, albahaca, sal, pimienta y aceite de oliva.

Ubicar los arrolladitos sobre una fuente. Salsearlos con la preparación de tomates. Acompañar con hojas verdes.

Peras al gorgonzola

Pere al gorgonzola

❧

Desmenuzar el queso azul. Pasarlo por el mixer junto con la vodka y las nueces. Retirar del mixer y agregar la crema de leche, el queso mascarpone, sal y pimienta a gusto. Unir bien y reservar en la heladera. Cortar las peras por el medio, descartar las semillas y retirar una pequeña parte de la pulpa para formar un hueco. Frotarlas con jugo de limón, para evitar que se oscurezcan. Rellenar los huecos de las peras con la mezcla de queso azul. Colocar encima una aceituna negra. Servir con hojas verdes y triángulos de pan tostados, untados con manteca.

INGREDIENTES

> **200 g de gorgonzola u otro queso azul**
> **1 vasito de vodka**
> **50 g de nueces**
> **150 cc de crema de leche**
> **150 g de queso mascarpone**
> **sal, pimienta**
> **6 peras maduras**
> **jugo de limón**
> **aceitunas negras**
> **hojas verdes**
> **triángulos de pan tostados**
> **manteca para untar**

Aceitunas rellenas
a la ascolana
Olive ripiene all'ascolana

INGREDIENTES

6 PORCIONES

- > 1 cebolla
- > aceite de oliva
- > 1 ramita de romero
- > 100 g de carne de cerdo
  magra picada
- > 100 g de carne vacuna
  magra picada
- > sal, pimienta
- > 1/2 vaso de vino blanco
  seco
- > 1 cucharadita de
  extracto de tomate
- > 50 g de mortadela o
  jamón crudo
- > 2 cucharadas de pan
  rallado
- > 2 cucharadas de queso
  rallado
- > 1 yema
- > nuez moscada, canela
  en polvo
- > 500 g de aceitunas
  verdes sin carozo, bien
  grandes
- > harina para empolvar
- > 2 huevos y 1 clara
- > pan rallado adicional
  para rebozar
- > aceite para freír

Picar finamente la cebolla. Dorarla apenas en una sartén con 3 cucharadas de aceite de oliva. Incorporar el romero y las dos carnes; cocinar hasta que cambien de color. Salpimentar y agregar el vino blanco y el extracto de tomate. Continuar la cocción aproximadamente 40 minutos. Descartar el romero.

Pasar la preparación por el mixer, junto con la mortadela o el jamón, el pan y el queso rallados, la yema, nuez moscada, canela, sal y pimienta. Debe resultar una pasta fina.

Rellenar las aceitunas con pequeñas bolitas de la pasta, o utilizar una manga con boquilla pequeña. Pasar las aceitunas sucesivamente por harina, los huevos batidos con la clara y el pan rallado adicional.

Freír en abundante aceite bien caliente. Servir de inmediato.

Mozzarella en carroza

Mozzarella in carrozza

--------------------------------- ୧⃝⃞ ---------------------------------

6 PORCIONES

Descortezar las rebanadas de pan lácteo.
Controlar que las tajadas de mozzarella sean de un tamaño algo menor.
Armar sándwiches, colocando una tajada de mozzarella entre dos rebanadas de pan.
Pasar los sándwiches sucesivamente por la leche, la harina, los huevos batidos y el pan rallado.
Colocarlos por tandas en una sartén con aceite bien caliente. Freírlos de ambos lados hasta que el pan se dore y la mozzarella se derrita.
A medida que estén listos, retirarlos cuidadosamente con ayuda de una espátula y escurrirlos sobre papel absorbente.
Saborear en el momento, antes de que se enfríen.

INGREDIENTES

> **12 rebanadas de pan lácteo**
> **6 tajadas de mozzarella**
> **1 taza de leche**
> **3 cucharadas de harina**
> **2 huevos**
> **1 taza de pan rallado**
> **aceite para freír**

 Clásico de Nápoles, donde la gente dice que "cocinero se hace, freidor se nace".

Ostiones salteados
con verduras

Capesante saltate con verdure

INGREDIENTES

6 PORCIONES

> **12 ostiones**
> **aceite de oliva**
> **sal, pimienta**
> **2 zucchini**
> **1 pimiento amarillo**
> **3 cebollas de verdeo**
> **1 diente de ajo**
> **1/2 vaso de coñac**
> **sal gruesa para servir**
> **ciboulette para decorar**

Abrir los ostiones, retirar los callos y sumergirlos en agua fría. Lavar las coquillas con un cepillo y guardarlas.

Sartenear los corales por 1 minuto, con 1 cucharada de aceite de oliva, sal y pimienta. Reservar.

Cortar en fina juliana los zucchini, el pimiento, las cebollas de verdeo y el ajo. Sofreír todo junto en una sartén con 4 o 5 cucharadas de aceite de oliva, por unos 10 minutos.

Filetear los callos de los ostiones y añadirlos a las hortalizas. Sartenear por 2 o 3 minutos, verter el coñac y flamear. Condimentar con sal y pimienta.

Distribuir la preparación en las coquillas. Servir dos en cada plato, sobre una base de sal gruesa. Decorar con ciboulette y los corales.

Langostinos en camisa

Gamberoni in camicia

Limpiar los langostinos retirando la cabeza, el caparazón y la vena, pero no la cola. Colocarlos en una bandeja, sin encimarlos. Rociar con el vermut y el aceite. Esparcir por encima la pimienta rosa aplastada. Dejar marinar 1 hora en la heladera.
Escurrir los langostinos y reservar la marinada. Envolver cada langostino con una hoja de albahaca y media lonja de panceta. Disponerlos en una sartén con unas cucharadas de agua y verter encima la marinada. Salar a gusto.
Llevar a horno precalentado a 220°C de 4 a 5 minutos.
Servir calientes, con gajos de limón. Acompañar con hojas verdes.

INGREDIENTES

> 16 langostinos grandes
> 1/2 vaso de vermut seco
> 2 cucharadas de aceite de oliva
> 1 cucharadita de pimienta rosa en grano
> 16 hojas de albahaca
> 8 lonjas de panceta ahumada
> sal a gusto
> 1 limón o 2 limoncitos brasileños
> hojas verdes para acompañar

Panqueques
de zucchini con tres quesos
Crespelle di zucchini ai tre formaggi

························· ⚭ ·························

INGREDIENTES   6 PORCIONES

Panqueques
> 200 cc de leche
> 250 g de harina 0000
> 3 huevos
> 1 cucharada de aceite
  de oliva
> sal, pimienta
> 3 zucchini
> manteca para la
  panquequera

Relleno
> 250 g de queso crema
> 100 g de queso
  emmental
> 100 g de queso
  parmesano
> 250 cc de crema
  de leche
> 1 cucharadita
  de ralladura de naranja
> 2 cucharadas
  de manteca
> 2 cucharadas
  de almendras fileteadas
> ciboulette para decorar

Panqueques
Mezclar la leche con la harina, los huevos, el aceite, sal y pimienta. Rallar gruesos los zucchini y agregarlos. Hacer los panqueques en una panquequera con manteca.

Relleno
Unir el queso crema con el emmental y el parmesano rallados, 125 cc de crema, la ralladura de naranja, sal y pimienta. Rellenar los panqueques con la preparación. Doblar como pañuelos.
Acomodar en una fuente térmica. Bañar con la crema de leche restante. Esparcir por encima la manteca cortada en cubitos y las almendras. Tapar con papel de aluminio y llevar a horno caliente durante 10 minutos. Destapar y calentar 10 minutos más.
Servir decorados con ciboulette picada.

Parmesana de berenjenas
Parmigiana di melanzane

❦

6 PORCIONES

Cortar las berenjenas en tajadas a lo largo, sin pelarlas. Sellarlas de ambos lados en una plancha bien caliente; reservarlas. Picar finamente los tomates. Rociar las hojas de la albahaca con un poco de aceite y picarlas. Mezclar los tomates con la albahaca. Cortar las mozzarellas en rodajas de espesor parejo. Reservar. Utilizar una fuente térmica rectangular o cuadrada. Disponer en la base tajadas de berenjenas, bien juntas. Cubrir con 2 cucharadas de la mezcla de tomates y albahaca. Distribuir encima rodajas de mozzarella. Condimentar a gusto con sal y pimienta. Repetir las capas hasta usar todos los ingredientes, terminando con mozzarella salpimentada. Llevar al horno entre moderado y fuerte durante 30 minutos, hasta que la mozzarella se derrita y la superficie se gratine. Rociar con aceite de oliva y servir bien caliente.

INGREDIENTES

> **5 berenjenas**
> **1 lata de tomates**
> **albahaca fresca**
> **aceite de oliva**
> **3 mozzarellas**
> **sal, pimienta**

Budín de espinaca
con salsa de queso

Sformato di spinaci con fonduta

INGREDIENTES

6 PORCIONES

> **750 g de espinaca**
> **2 huevos**
> **100 g de queso parmesano**
> **sal, nuez moscada**
> **manteca y pan rallado para los moldes**

Salsa
> **300 g de queso fontina**
> **150 g de manteca**
> **100 cc de crema de leche**
> **pimienta negra o blanca**

Cocinar la espinaca por hervido o al vapor, exprimirla muy bien y pasarla por el mixer. Incorporar los huevos y el parmesano rallado. Condimentar a gusto con sal y nuez moscada; mezclar.

Enmantecar y espolvorear con pan rallado 6 flaneras individuales. Distribuir en ellas la preparación. Hornear a 180°C, a baño de María, durante 30 minutos.

Retirar del horno y desmoldar cada budín sobre un plato.

Salsa

Rallar grueso el queso fontina. Colocar en una cacerola junto con los demás ingredientes. Calentar a baño de María hasta que todo se funda y se integre.

Verter la salsa caliente sobre los budines. Servir en el momento.

Bagna càôda

Bagna càôda

························· ❧ ·········

INGREDIENTES

Picar el ajo, colocarlo en un recipiente junto con la leche y dejar reposar durante 2 horas. Fundir la manteca en una cazuela de barro, a fuego suave. Incorporar el ajo escurrido y cocinar hasta que se deshaga, sin que tome color. Agregar las anchoas y aplastarlas para reducirlas a pasta. Verter el aceite de a poco, mientras se mezcla para integrar todo. Seguir cocinando despacio hasta lograr una salsa untuosa. Limpiar el pimiento y el cardo; sumergir este último en agua con limón para que resulte bien blanco, escurrir y secar con papel de cocina. Dividir ambos vegetales en trozos parejos. Cortar el pan en rebanadas. Ubicar la cazuela en la mesa, sobre un calentador. Distribuir alrededor platos con las verduras y el pan. Cada comensal pinchará un trozo de cardo o pimiento con su tenedor, lo mojará en la salsa caliente y se lo llevará a la boca sosteniendo debajo una rebanada de pan, para que no caigan gotas sobre la mesa.

> **4 dientes de ajo**
> **250 cc de leche**
> **50 g de manteca**
> **100 g de anchoas en aceite**
> **250 cc de aceite de oliva**
> **1 pimiento rojo**
> **1 cardo**
> **jugo de limón**
> **1 pan de campo**

Este clásico del Piamonte se disfruta mojando en la salsa caliente verduras crudas o cocidas. En el dialecto de esa región, bagna significa mojar y càôda, caliente.

Queso fundido
a la piamontesa

Fonduta piamontese

INGREDIENTES

4 PORCIONES

> **400 g de queso fontina**
> **250 cc de leche**
> **80 g de manteca**
> **4 yemas**

Para acompañar
> **200 g de champiñones**
> **30 g de manteca**
> **1 manojo de perejil**
> **tostadas de pan de campo**

Cortar el queso en daditos. Ponerlo en un bol, verter la leche y dejar reposar durante 3 horas. Fundir la manteca en una sartén. Incorporar el queso junto con la mitad de la leche y revolver con cuchara de madera hasta que comience a fundirse. Agregar las yemas de a una, mientras se sigue revolviendo para obtener una crema homogénea.

Para acompañar
Filetear los champiñones. Saltearlos en una sartén con la manteca, junto con el perejil picado.
Servir la fonduta sobre tostadas de pan de campo, con los champiñones por encima.

Sopas
Suculentas y cremosas

Le minestre
Saporite e cremose

En la mesa no se envejece.

A tavola non si invecchia.

Buseca

Busecca

INGREDIENTES

8 PORCIONES

- > **1 kilo de mondongo rizado y liso, limpio**
- > **sal gruesa**
- > **35 g de manteca**
- > **1 cebolla**
- > **1 tallo de apio**
- > **2 zanahorias**
- > **2 o 3 hojas de salvia**
- > **sal, pimienta**
- > **2 latas de tomates cubeteados**
- > **1 litro de caldo de carne**
- > **2 latas de porotos pallares**
- > **queso parmesano y perejil para servir**

Hervir el mondongo en abundante agua con sal, hasta que esté tierno. Escurrir, cortar en tiritas y reservar.

Colocar en una cacerola de barro la manteca, la cebolla y el apio picados, las zanahorias cortadas en finas rodajas y la salvia. Dejar sudar durante 5 minutos.

Agregar el mondongo, salpimentar y mezclar. Añadir los tomates y 300 cc de caldo. Cocinar a fuego bajo durante 1 y 1/4 hora; verter el resto del caldo a medida que haga falta.

Incorporar los porotos pallares, corregir la sal y continuar la cocción por 15 minutos más.

Servir espolvoreada con queso parmesano rallado y perejil picado.

 Clásico de la Lombardía.

Potaje

Cassoeula

····························· ✑ ·····························

Trozar el pechito de cerdo. Cortar las zanahorias en rodajas y el repollo en juliana, descartando las partes duras. Picar el apio. Dorar el pechito de cerdo en una cacerola con el aceite. Condimentar a gusto con sal y pimienta. Incorporar la zanahoria, el repollo, el apio y el vino blanco. Cocinar durante 15 minutos. Agregar los tomates con su jugo; si hiciera falta más líquido, completar con el caldo. Tapar la cacerola y cocinar a fuego lento durante 1 hora más.
Servir bien caliente, sola o con polenta.

INGREDIENTES

> 1 kilo de pechito de cerdo
> 2 zanahorias
> 1 repollo
> 2 tallos de apio
> 1 cucharada de aceite
> sal, pimienta
> 1 vaso de vino blanco seco
> 1 lata de tomates
> 1 vaso de caldo de verduras
> polenta para acompañar (optativo)

 Clásico de la Lombardía.

Sopa de porotos
con camarones
Minestra di fagioli con gamberetti

················ ❧ ················

INGREDIENTES

6 PORCIONES

> 1 kilo de porotos
  blancos y marrones
> **sal, pimienta**
> 1 zanahoria
> 1 tallo de apio
> 1 cebolla
> 1 papa grande
> **2 cubos de caldo de
  carne o verdura**

Salsa
> **2 cucharadas de cebolla
  picada**
> **2 cucharadas de aceite
  de oliva**
> **1 cucharada de extracto
  de tomate**
> **2 cucharadas de perejil
  picado**
> **150 g de camarones**

Ubicar los porotos en un bol grande. Añadir
1/2 cucharadita de sal, cubrir con 2 litros de
agua y dejar en remojo toda la noche. Al día
siguiente, hervir durante 2 horas en una cacerola
con la zanahoria, el apio, la cebolla y la papa.
Colar y poner de nuevo el líquido en la cacerola.
Reservar una porción de porotos; pasar por el
prensaverduras los porotos restantes y las
hortalizas. Añadir todo a la cacerola.
Incorporar los cubos de caldo, sal y pimienta.
Llevar a hervor.

Salsa
Rehogar la cebolla en una sartén con el aceite
de oliva. Incorporar el extracto de tomate y el
perejil. Agregar los camarones, dejar que se
calienten y retirarlos.
Verter la salsa en la cacerola de la sopa. Hervir
todo junto durante 5 minutos. Ajustar la sal.
Servir en los platos y coronar con
3 o 4 camarones en cada uno. Decorar con una
hoja de perejil, un hilo de aceite de oliva y una
lámina de focaccia apenas tostada.

Minestrón a la milanesa
Minestrone alla milanese

~ ✺ ~

6 PORCIONES

Picar la cebolla, el ajo y el perejil. Sofreírlos, junto con la panceta también picada, en una cacerola con aceite de oliva. Cortar en cubos los tomates, las papas, los zucchini, las zanahorias, el apio y la calabaza, y en juliana la espinaca y el repollo. Incorporar todas las verduras al sofrito; mezclar. Verter el caldo, salar y tapar la cacerola. Hervir a fuego lento durante 2 horas. Agregar las arvejas, los porotos y el arroz. Cocinar hasta que el arroz esté a punto. Servir caliente, espolvoreada con queso parmesano rallado.

INGREDIENTES

> 1 cebolla
> ajo y perejil
> 100 g de panceta salada
> aceite de oliva
> 4 tomates perita maduros
> 4 papas
> 3 zucchini
> 2 zanahorias
> 2 tallos de apio
> 200 g de calabaza limpia
> 1 atado de espinaca
> 1/2 repollo
> 3 o 4 litros de caldo de verduras
> sal a gusto
> 150 g de arvejas congeladas
> 1 lata de porotos
> 1 taza de arroz
> queso parmesano

Sopa a la valdostana

Zuppa alla valdostana

❧✠☙

INGREDIENTES

6 PORCIONES

> **1 repollo chico**
> **2 cucharadas de aceite
> de oliva**
> **caldo de carne**
> **1 pellizco de sal**
> **300 g de queso fontina**
> **1 cucharada de manteca**
> **6 rebanadas de pan
> negro**
> **1 diente de ajo**

Limpiar el repollo, desechando las hojas externas más duras y el tronco central. Cortarlo en juliana.
Calentar el aceite de oliva en una sartén. Incorporar el repollo, algunas cucharadas del caldo y la sal. Tapar y cocinar a fuego bajo hasta que el repollo esté tierno.
Cortar el queso fontina en finas tajadas. Untar con la manteca las rebanadas de pan negro y dorarlas en el horno. Retirarlas y, cuando aún estén calientes, frotarlas con el diente de ajo.
Utilizar cazuelas térmicas individuales. Colocar en cada una dos rebanadas de pan, encima una porción de repollo y luego una tajada de fontina; completar con caldo.
Llevar a horno precalentado a 180°C durante 30 minutos. Dejar entibiar durante 10 minutos y servir.

Sopa de cebolla
con queso

Zuppa di cipolle al formaggio

· ❦ · · · · · · · · · · · · · · · · · · ·

6 PORCIONES

Cortar las cebollas en rodajas finas y separarlas en aros.
Derretir la manteca en una cacerola, añadir las cebollas y sofreírlas hasta que tomen un ligero color caoba.
Incorporar la harina disuelta en el coñac. Verter el caldo. Hervir a fuego suave por lo menos 1 hora.
Cortar el queso gruyère en finas láminas y el pan en rebanadas.
Distribuir la sopa en cazuelas térmicas individuales. Colocar encima una capa de pan y otra de queso gruyère. Sazonar con pimienta y espolvorear con el queso rallado.
Llevar a horno caliente durante 10 minutos.
Servir de inmediato en las mismas cazuelas, envueltas en servilletas.

INGREDIENTES

> 4 cebollas grandes
> 100 g de manteca
> 2 cucharadas de harina
> 1 copita de coñac
> 1,5 litro de caldo
> 250 g de queso gruyère
> 1 baguette, preferentemente del día anterior
> 1/2 cucharadita de pimienta
> 4 cucharadas de queso rallado

Tortellini en caldo

Tortellini in brodo

❧

INGREDIENTES   8 PORCIONES

Relleno

> 30 g de manteca
> 100 g de carne de cerdo picada fina
> 100 g de jamón crudo
> 100 g de mortadela con pistachos
> 1 huevo
> sal, pimienta y nuez moscada
> 150 g de queso parmesano

Masa y cocción

> masa básica (pág. 44) preparada con 6 huevos
> 2 litros de caldo casero de carne y verduras

Relleno

Fundir la manteca en una cacerola. Incorporar la carne de cerdo y cocinarla, mezclando con frecuencia. Dejar enfriar.
Procesar la carne cocida junto con el jamón crudo, la mortadela, el huevo, los condimentos y el queso rallado. Colocar el relleno en una manga.

Masa y cocción

Estirar la masa hasta dejarla bien fina. Cortar cuadrados de 5 cm de lado o discos de 4 cm de diámetro. Distribuir sobre ellos montoncitos de relleno, humedecer con agua alrededor, cerrar en forma de triángulos o semicírculos y presionar para sellar; unir las puntas.
Colar el caldo, ponerlo en una olla grande y llevar a hervor. Echar los tortellini y hervir de 4 a 5 minutos.
Servir en platos hondos los tortellini y el caldo.

Clásico de Bolonia. Cuenta la leyenda que el inventor de los tortellini se inspiró en el ombligo de su amante para darles su forma característica. Son un poco laboriosos, pero resultan exquisitos.

Sopa de calabaza
y arroz
Minestra di zucca e riso

······························ ⟨✕⟩ ······························

4 PORCIONES

Poner el caldo en una cacerola. Llevar a hervor, añadir la calabaza cortada en cubos y cocinar a fuego bajo hasta que esté tierna. Escurrir la calabaza y pasarla por la licuadora o por el prensaverduras. Reservar el puré obtenido. Llevar el caldo nuevamente a hervor. Echar el arroz y cocinar 10 minutos. Añadir el puré de calabaza y salar a gusto. Continuar la cocción por 10 minutos más. Fuera del fuego agregar la manteca, el queso rallado y abundante pimienta recién molida.

INGREDIENTES

> **1 litro de caldo de verduras**
> **300 g de calabaza limpia**
> **120 g de arroz**
> **sal, pimienta**
> **1 cucharada de manteca**
> **4 cucharadas de queso parmesano rallado**

Nota
Esta sopa se puede preparar con leche en reemplazo del caldo. Resulta espectacular presentarla dentro de una calabaza grande ahuecada.
Si se desea, reservar algunos cubos de calabaza cocidos e incorporarlos antes de retirar del fuego.

Sopa de tomate

Pappa al pomodoro

························· ☙ ·························

INGREDIENTES

6 PORCIONES

> **50 cc de aceite de oliva**
> **3 dientes de ajo**
> **1/2 cebolla**
> **1 kilo de tomates perita maduros**
> **4 o 5 hojas de albahaca**
> **500 g de pan de campo del día anterior**
> **1 litro de caldo de verduras**
> **sal, pimienta negra**

En una cacerola con el aceite de oliva rehogar los dientes de ajo enteros y la cebolla picada. Descartar el ajo.

Agregar a la cebolla los tomates cortados en cuartos, sin semillas, y la albahaca. Cocinar a fuego moderado durante 30 minutos. Incorporar el pan cortado en rebanadas y descortezado; verter el caldo y salar a gusto. Cocinar por 30 minutos más, hasta que el líquido se haya reducido a la mitad.

Procesar la preparación hasta lograr una textura cremosa. Llevar al fuego durante 10 minutos más, para calentar.

Servir con un hilo de aceite de oliva por encima y un toque de pimienta negra recién molida.

En uno de mis viajes a Italia fui a la ciudad de Riccione, sobre el Adriático, para ver a mi mamá, que pasaba allí sus vacaciones. Una noche cenamos en un lindo restaurante, en cuya carta se anunciaban las sopas con una frase que me encantó:

¿Cosa bolle in pentola?

¿Qué hierve en la cacerola?

Velouté de apio,
de espárragos y de calabaza
Vellutate di sedano, di asparagi e di zucca

········· ⚙ ·········

6 PORCIONES

De apio
Calentar el aceite junto con la manteca en una cacerola. Incorporar los echalotes, las papas y el apio, todo trozado. Rehogar durante 5 minutos. Verter el caldo y cocinar a fuego lento aproximadamente 1 hora.
Procesar, pasar por tamiz o colador chino para eliminar las fibras más duras y colocar de nuevo en la cacerola. Ajustar la sazón con sal y pimienta, agregar la crema de leche y hervir de 8 a 10 minutos.
Presentar en platos hondos, con cubos de pan blanco y negro, tostados.

De espárragos
Seguir el procedimiento anterior, reemplazando el apio por los espárragos cortados en trozos, sin la parte externa más fibrosa ni el extremo duro. Luego del rehogado, separar las puntas de 1 atado de espárragos; sartenearlas con aceite de oliva y utilizarlas al final para decorar los platos.
No es necesario pasar esta sopa por colador.

De calabaza
Proceder como se explicó, sustituyendo el apio por la calabaza cortada en cubos. No es necesario tamizar. Decorar los platos con amaretti desmenuzados.

INGREDIENTES

De apio
> **1 cucharada de aceite**
> **1 cucharada de manteca**
> **4 echalotes**
> **3 papas medianas**
> **1 blanco de apio**
> **1,5 litro de caldo de ave**
> **y verduras**
> **sal, pimienta**
> **100 cc de crema**
> **de leche**

De espárragos
> **3 atados de espárragos**
> **verdes en reemplazo**
> **del apio**

De calabaza
> **1 kilo de calabaza**
> **limpia en reemplazo**
> **del apio**

Crema de lechuga

Crema di lattuga

········· ❦ ·········

INGREDIENTES   6 PORCIONES

> **2 puerros**
> **1 kilo de lechuga**
> **mantecosa**
> **1 cucharada de manteca**
> **1 cucharada de aceite**
> **de oliva**
> **1 diente de ajo**
> **600 cc de caldo**
> **de verduras**
> **sal, pimienta**
> **250 cc de crema de**
> **leche**
> **pan de campo**
> **manteca adicional para**
> **untar**
> **ramitas de tomillo**

Picar finamente los puerros. Cortar la lechuga en trozos grandes.

Sartenear los puerros con la manteca y el aceite. Incorporar la lechuga y el diente de ajo en camisa y cocinar unos minutos más.

Verter el caldo, salpimentar a gusto y cocinar aproximadamente 30 minutos.

Pasar por el mixer hasta lograr una textura homogénea. Añadir la crema de leche y mezclar bien.

Cortar el pan de campo en rebanadas y luego en triángulos. Untarlos apenas con manteca adicional y tostarlos en el horno.

Servir la sopa crema bien caliente, con un triángulo de pan tostado y una ramita de tomillo en cada plato.

Primer plato
Pasta, arroz y polenta

Primi piatti
Pasta, risotti e polenta

*La pasta, reina de la
mesa italiana.*

*La pasta, regina della
tavola a l'Italia.*

Pasta al huevo
básica y coloreada
La pasta all'uovo basica e colorata

❦

INGREDIENTES

1 PORCIÓN

Básica
> 1 huevo
> 100 g de harina
> 1 pizca de sal

Con rúcula
> 20 g de rúcula
  blanqueada, exprimida
  y procesada con
  1 cucharada de aceite
  de oliva

Con espinaca
> 25 g de espinaca cruda
  procesada con
  1 cucharada de aceite
  de oliva

Con azafrán
> 1 pellizco de azafrán

Con tinta de calamar
> 1/2 sobre de tinta
  de calamar

Con remolacha
> jugo de 1/2 remolacha
  cocida

Para la cocción
> sal gruesa

Unir el huevo con la harina, la sal y, si se opta
por masa coloreada, el ingrediente que
corresponda a la variedad elegida. Amasar muy
bien y dejar reposar 20 minutos. Si fuera
necesario, ajustar la consistencia con más
harina.

Utilizar para pastas simples o rellenas, siguiendo
en cada caso las instrucciones de la receta
respectiva. Dejar secar sobre la mesada
espolvoreada con semolín o, si se trata de pasta
larga, en un cuelgapastas.

Poner en una olla grande 1 litro de agua y 10 g
de sal gruesa por cada 100 g de pasta.

Llevar al fuego y, cuando rompa el hervor, echar
la pasta.

Dejar que retome el hervor y desde ese momento
cocinar de 2 a 3 minutos si son pastas simples,
o de 3 a 5 minutos si son rellenas. Colar.

Nota
En esta receta se indica la proporción de
ingredientes para 1 huevo, porque de ese modo
resulta fácil hacer el cálculo y preparar la
cantidad necesaria cualquiera sea el número
de comensales.

Tallarines con ragú
a la boloñesa
Tagliatelle al ragú bolognese

⁓ ☙

6 PORCIONES

Ragú a la boloñesa
Sofreír la cebolla, el apio y la zanahoria en una cacerola con un fondo de aceite. Agregar la panceta y rehogar por unos minutos. Incorporar la carne picada y cocinar hasta que empiece a cambiar de color. Condimentar a gusto con sal y pimienta. Agregar el vino, el extracto de tomate disuelto en el caldo, el laurel y el romero. Mantener un hervor muy suave durante 1 hora. Verter la leche y seguir cocinando por 2 horas más. Corregir la sazón.

Tallarines
Estirar la masa hasta dejarla bien fina. Cortar tallarines de 7 mm de ancho, con cuchillo o a máquina. Dejar orear y luego cocinar (pág. 44). Servir con el ragú a la boloñesa.

INGREDIENTES

Ragú a la boloñesa
> 1 cucharada de cebolla picada fina
> 1 tallo de apio picado
> 1 zanahoria chica rallada fina
> aceite de oliva
> 100 g de panceta salada picada
> 350 g de carne vacuna magra picada
> sal, pimienta
> 1/2 vaso de vino tinto seco
> 2 cucharadas de extracto de tomate
> 2 tazas de caldo de carne
> 1 hoja de laurel
> 1 ramita de romero
> 1 vaso de leche

Tallarines
> masa básica (pág. 44) preparada con 6 huevos

Me enorgullece contarles que con esta receta participé en el Primer Premio Mundial de la Cocina Boloñesa, junto con otros once chefs de distintos países. Fue el 6 de junio de 2003, en Bolonia, capital de Emilia-Romaña. Este plato nació en el año 1500 con el nombre de ragú petroniano en honor a San Petronio, patrono de la ciudad, cuya catedral es famosa por su belleza y magnificencia.

Tallarines con berenjenas
Tagliatelle alle melanzane

ᘓ᙭ᘒ

INGREDIENTES

6 PORCIONES

Tallarines
> **masa básica (pág. 44)
> preparada con 6 huevos**

Salsa
> **200 g de berenjenas**
> **aceite de oliva**
> **50 g de alcaparras**
> **100 g de tomates cherry**
> **sal, pimienta**
> **perejil y albahaca para
> servir**

Tallarines
Estirar la masa hasta dejarla bien fina. Cortar tallarines de 1,5 cm de ancho, con cuchillo o a máquina. Dejar orear y luego cocinar (pág. 44).

Salsa
Cortar las berenjenas en rodajas finas, sin pelarlas. Pincelar con aceite de oliva y grillar. Calentar 2 cucharadas de aceite de oliva en una sartén. Agregar las berenjenas, las alcaparras y los tomates cherry cortados por el medio. Sartenear de 3 a 4 minutos. Salpimentar a gusto.
Incorporar los tallarines a la sartén con las verduras. Saltear unos instantes.
Distribuir de inmediato en los platos. Esparcir perejil picado y hojas de albahaca; servir.

 Se dice que los tallarines deben ser tan largos "como el cabello de Lucrecia Borgia".

Tallarines a la rúcula
con salsa de mejillones
Tagliatelle alla rúcola con salsa di cozze

6 PORCIONES

Tallarines
Estirar la masa hasta dejarla bien fina. Cortar tallarines anchos, con cuchillo o a máquina. Dejar orear y luego cocinar (pág. 44).

Salsa
Lavar y cepillar los mejillones. Colocarlos en una olla con un poco de aceite, algo de tomillo y el diente de ajo entero. Tapar y llevar al fuego hasta que se abran. Reservar algunos para decorar y retirar los restantes de sus valvas. Guardar el líquido de cocción.
Cortar los pimientos en juliana. Cocinarlos a fuego vivo en una sartén con aceite durante 10 minutos.
Incorporar los mejillones limpios y el líquido de cocción reservado. Salar a gusto.
Agregar los tallarines a la sartén. Saltear rápidamente.
Repartir en los platos. Terminar con pimienta recién molida y un hilo de aceite de oliva.
Decorar con los mejillones reservados y hojas de albahaca.

INGREDIENTES

Tallarines
> **masa con rúcula (pág. 44) preparada con 6 huevos**

Salsa
> **1 kilo de mejillones con sus valvas**
> **aceite de oliva**
> **tomillo fresco**
> **1 diente de ajo**
> **500 g de pimientos rojos, amarillos y verdes**
> **sal, pimienta**
> **albahaca para decorar**

Tagliolini de colores
con gorgonzola y nueces
Tagliolini colorati al gorgonzola e noci

かの

INGREDIENTES   4 PORCIONES

Tagliolini
> **masa con tinta de calamar (pág. 44) preparada con 1 huevo**
> **masa con remolacha (pág. 44) preparada con 1 huevo**
> **masa con azafrán (pág. 44) preparada con 1 huevo**
> **masa con espinaca (pág. 44) preparada con 1 huevo**

Salsa
> **80 g de nueces**
> **2 cucharadas de manteca**
> **1/2 echalote**
> **150 g de gorgonzola u otro queso azul**
> **350 cc de crema de leche**
> **sal, pimienta**

Tagliolini
Estirar cada masa hasta que resulte bien fina. Cortar tagliolini de 1 cm de ancho, con cuchillo o a máquina. Dejar orear y luego cocinar (pág. 44).

Salsa
Pasar las nueces por el mixer. Sofreírlas en una sartén con la manteca.
Agregar el echalote picado fino, el queso azul desmenuzado y la crema de leche. Sazonar a gusto con sal y pimienta. Calentar 5 minutos, hasta que el queso se funda.
Incorporar a la salsa los tagliolini, junto con 1 cucharada del agua de cocción. Sartenear y servir bien calientes.

Pappardelle con conejo
Pappardelle al coniglio

.... ✑✒ ....

6 PORCIONES

Pappardelle
Estirar la masa hasta que resulte fina. Cortar tiras anchas y largas, con la ruedita. Dejar orear y luego cocinar (pág. 44).

Confit
Trozar el conejo. Ponerlo en una cacerola, verter el vino y completar con agua hasta cubrir. Añadir la manteca, un hilo de aceite, salvia, romero, sal y pimienta a gusto.
Cocinar a fuego lento hasta que el líquido se evapore y el conejo resulte levemente acaramelado. Quitar los huesos y reservar la carne.

Salsa
En el fondo de cocción del confit, sofreír los hongos hidratados y cortados finos, junto con el ajo y los echalotes picados, sal y pimienta.
Agregar la carne del conejo desmenuzada, preferentemente con unas cucharadas del agua de cocción de los pappardelle.
Añadir los pappardelle, un hilo de aceite, queso rallado, perejil picado y pimienta. Sartenear y servir.

INGREDIENTES

Pappardelle
> **masa básica (pág. 44) preparada con 6 huevos**

Confit
> **1 conejo**
> **1 vaso de vino blanco seco**
> **1 cucharada de manteca**
> **aceite de oliva**
> **salvia, romero**
> **sal, pimienta**

Salsa
> **150 g de porcini u otros hongos secos**
> **1 diente de ajo**
> **2 o 3 echalotes**
> **queso rallado y perejil para servir**

Pappardelle a la cazadora

Pappardelle alla cacciatora

INGREDIENTES

6 PORCIONES

Pappardelle
> masa básica (pág. 44)
> preparada con 6 huevos

Salsa
> 1 cebolla
> 180 g de champiñones
> 150 g de hongos
> surtidos
> 250 g de tomates
> 3 cucharadas de aceite
> de oliva
> 50 cc de vino
> sal, pimienta
> 1 cucharada de perejil
> picado fino

Pappardelle

Estirar la masa hasta que resulte fina. Cortar tiras anchas y largas, con la ruedita. Dejar orear y luego cocinar (pág. 44).

Salsa

Picar finamente la cebolla. Cortar todos los hongos en láminas y los tomates en tiras finas. Calentar el aceite en una sartén y cocinar la cebolla a fuego vivo. Agregar el mix de hongos y saltear unos segundos.

Incorporar el vino, los tomates, sal y pimienta a gusto. Cocinar 20 minutos.

Añadir a la sartén el perejil y los pappardelle. Sartenear y servir enseguida.

Lasaña con ragú
a la boloñesa
Lasagne con ragú alla bolognese

8 PORCIONES

Masa
Estirar la masa hasta que resulte fina y cortar tiras de 7 cm de ancho. Hervir las lasañas por tandas, en abundante agua con sal y 1 cucharada de aceite, durante 2 minutos. Escurrir sobre un lienzo limpio.

Salsa bechamel
Calentar la leche en un jarro. Derretir la manteca en una cacerolita. Espolvorear con la harina, unir bien y calentar hasta que burbujee. Verter la leche de a poco, mientras se revuelve, y cocinar de 5 a 6 minutos, hasta obtener una salsa de mediana consistencia. Condimentar con sal, pimienta y nuez moscada. Retirar del fuego, agregar el queso rallado y mezclar.

Armado
Enmantecar una fuente térmica honda. Colocar dentro, por capas, las lasañas, el ragú y la bechamel. Espolvorear con el queso parmesano rallado. Distribuir trocitos de manteca. Cubrir con papel de aluminio y calentar en el horno a 200°C durante 10 minutos. Quitar el papel y gratinar 10 minutos más.

INGREDIENTES

Masa
> masa con espinaca
(pág. 44) preparada
con 6 huevos
> sal y aceite para la
cocción

Salsa bechamel
> 500 cc de leche
> 50 g de manteca
> 50 g de harina
> sal, pimienta y nuez
moscada
> 50 g de queso reggianito
rallado

Armado
> manteca para gratinar
> ragú a la boloñesa
(pág. 45)
> 50 g de queso
parmesano

 Clásico de la Emilia-Romaña.

Lasaña con zucchini

Lasagne ai zucchini

INGREDIENTES

6 PORCIONES

Masa
> masa básica (pág. 44)
  preparada con 5 huevos
> sal y aceite para
  la cocción

Relleno
> 2 kilos de zucchini
> aceite de oliva
> sal, pimienta
> 300 g de ricota
> 50 g de hojas
  de albahaca
> 125 g de queso rallado
> 500 cc de salsa
  bechamel (pág. 51)

Armado
> manteca para gratinar
> 50 g de queso
  parmesano

Masa
Estirar la masa hasta que resulte fina y cortar
tiras de 7 cm de ancho.
Hervir las lasañas por tandas, en abundante agua
con sal y 1 cucharada de aceite, durante
2 minutos. Escurrir sobre un lienzo limpio.

Relleno
Cortar los zucchini en rodajas; reservar algunas
para decorar. Cocinar las restantes en una sartén
con 3 o 4 cucharadas de aceite de oliva y sal,
hasta que estén tiernos.
Procesar los zucchini cocidos junto con la ricota,
la albahaca, el queso rallado y la salsa
bechamel. Salpimentar a gusto.

Armado
Enmantecar una fuente térmica honda. Colocar
dentro, por capas, las lasañas y el relleno.
Espolvorear con el queso parmesano rallado.
Distribuir trocitos de manteca y las rodajas
de zucchini reservadas.
Cubrir con papel de aluminio y calentar
en el horno a 200°C durante 10 minutos. Quitar
el papel y gratinar 10 minutos más.

Lasaña a la napolitana

Lasagne alla napoletana

························· ⟨∞⟩ ·························

8 PORCIONES

Masa
Estirar la masa hasta que resulte fina y cortar tiras de 7 cm de ancho.
Hervir las lasañas por tandas, en abundante agua con sal y 1 cucharada de aceite, durante 2 minutos. Escurrir sobre un lienzo limpio.

Relleno
Dorar la carne en el aceite y la manteca, junto con la salchicha en trocitos. Incorporar los aromas de cocina picados finos; rehogar. Añadir los tomates, sal, pimienta y el vino. Cocinar a fuego lento aproximadamente 2 horas.
Unir en un bol la ricota, el huevo, el queso rallado, sal, pimienta y albahaca picada.

Armado
En una fuente térmica honda, enmantecada, colocar por capas las lasañas, el relleno de carne, el de ricota y rodajas de mozzarella. Espolvorear con el queso rallado. Cubrir con papel de aluminio y calentar en el horno a 200°C durante 15 minutos. Quitar el papel y gratinar 15 minutos más.

INGREDIENTES

Masa
> masa básica (pág. 44) preparada con 6 huevos
> sal y aceite para la cocción

Relleno
> 300 g de carne de cerdo picada fina
> 2 cucharadas de aceite de oliva
> 50 g de manteca
> 200 g de salchicha fresca de carnicería
> aromas de cocina (apio, zanahoria, cebolla)
> 2 latas de tomates cubeteados
> sal, pimienta
> 1/2 vaso de vino tinto
> 300 g de ricota
> 1 huevo
> 60 g de queso parmesano
> albahaca fresca

Armado
> 250 g de mozzarella
> 50 g de queso parmesano

Ñoquis de calabaza

Gnocchi di zucca

INGREDIENTES

6 PORCIONES

- 750 g de calabaza limpia
- 250 g de papas
- 250 g de harina
- 1 huevo
- 1 yema
- sal, nuez moscada
- 250 g de espinaca
- 3 cucharadas de manteca
- 1 o 2 echalotes
- sal gruesa para la cocción
- canela en polvo
- 70 g de queso parmesano

Envolver la calabaza en papel de aluminio y cocinarla en el horno. Hervir las papas. Hacer un puré con cada hortaliza.

Mezclar los purés de calabaza y de papas, la harina, el huevo y la yema hasta obtener una masa. Condimentar con sal y nuez moscada. Dejar reposar durante 20 minutos. Formar los ñoquis; reservar.

Blanquear la espinaca, escurrirla y saltearla en una sartén con 1 cucharada de manteca; retirarla.

En la misma sartén, con la manteca restante, dorar ligeramente los echalotes enteros.

Hervir los ñoquis en abundante agua salada. Retirarlos con espumadera y añadirlos a los echalotes. Sartenear unos minutos.

Colocar los ñoquis en una fuente térmica. Disponer encima la espinaca sarteneada. Espolvorear con un pellizco de canela y esparcir el queso parmesano rallado. Gratinar 5 minutos en horno caliente y servir.

Ñoquis de semolín
a la romana con espinaca

Gnocchi di semolino alla romana con spinaci

⊙⊗⊙

6 PORCIONES

Colocar la leche junto con la sal en una cacerola.
Llevar a hervor.
Echar el semolín en forma de lluvia, mientras se
revuelve continuamente. Cocinar durante
15 minutos.
Fuera del fuego incorporar la manteca, las yemas
y el queso parmesano rallado. Verter en una
asadera y dejar enfriar.
Cortar la masa de semolín con un cortapastas
de 5 cm de diámetro, para obtener ñoquis
circulares.
Disponer la espinaca en una fuente térmica
enmantecada. Acomodar encima los ñoquis,
en forma escalonada.
Colocar en una cacerolita la crema y el queso
azul desmenuzado. Hervir a fuego suave por
10 minutos, hasta que el queso se funda por
completo. Verter sobre los ñoquis. Calentar
en el horno a 200°C durante 10 minutos. Servir
de inmediato, bien calientes.

INGREDIENTES

> **1 litro de leche**
> **1 cucharada de sal**
> **250 g de semolín**
> **70 g de manteca**
> **5 yemas**
> **40 g de queso**
> **parmesano**
> **200 g de espinaca**
> **cocida**
> **150 cc de crema**
> **de leche**
> **150 g de queso azul**

Ravioles de verdura
a la crema
Ravioli di magro alla panna

⚬

INGREDIENTES   6 PORCIONES

Relleno
> 350 g de espinaca
> 40 g de manteca
> 300 g de ricota
> sal, pimienta

Masa
> masa básica (pág. 44)
  preparada con 5 huevos
> 1 huevo para pincelar

Presentación
> 200 g de jamón cocido
> 200 g de arvejas
  congeladas
> manteca para saltear
> sal, pimienta
> 100 cc de crema
  de leche

Relleno
Hervir y exprimir la espinaca. Saltearla en una sartén con la manteca. Procesarla junto con la ricota. Salpimentar a gusto.

Masa
Estirar la masa hasta dejarla fina. Cortar con cortapastas redondo o cuadrado. Poner 1 cucharadita de relleno en el centro de cada pieza de masa. Pincelar los bordes con huevo, cerrar en forma de semicírculos o triángulos y presionar para sellar. Dejar orear y luego hervir (pág. 44).

Presentación
Tapizar con lonjas finas de jamón cocido un molde savarín enmantecado. Colocar dentro los ravioles y cubrirlos con el excedente de jamón. Hornear a baño de María aproximadamente 20 minutos.
Sartenear las arvejas con un poco de manteca. Salpimentar, agregar la crema y cocinar alrededor de 10 minutos.
Retirar el savarín del horno, dejar reposar 2 o 3 minutos y desmoldar. Colocar en el centro las arvejas y servir.

Ravioles de espinaca
con hongos
Ravioli di spinaci ai funghi

6 PORCIONES

Relleno
Cocinar la espinaca al vapor, exprimirla y procesarla. Unir con la ricota, el queso rallado, los huevos y los condimentos.

Masa
Estirar la masa hasta dejarla bien fina. Cortar tiras y pincelarlas con huevo batido. Sobre una tira disponer cucharaditas de relleno a 3 o 4 cm de distancia. Cubrir con otra tira de masa, presionar alrededor del relleno y cortar ravioles con la ruedita. Repetir con la masa y el relleno restantes. Dejar orear y luego hervir (pág. 44).

Salsa
Filetear los hongos. Sofreírlos en una sartén con la manteca, junto con el ajo ensartado en un palillo. Verter el vino y cocinar 15 minutos. Descartar el ajo y procesar la preparación hasta lograr una textura lisa. Incorporar la crema, el perejil, sal y pimienta.
Servir los ravioles con la salsa y queso rallado a gusto.

INGREDIENTES

Relleno
> 750 g de espinaca
> 300 g de ricota
> 150 g de queso rallado
> 2 huevos
> sal, pimienta y nuez moscada

Masa
> masa básica (pág. 44) preparada con 5 huevos
> 1 huevo para pincelar

Salsa
> 600 g de hongos frescos (champiñones y portobellos)
> 30 g de manteca
> 1 o 2 dientes de ajo
> 1/2 vaso de vino blanco
> 350 cc de crema de leche
> 1 cucharada de perejil picado
> queso rallado para servir

Ravioles al azafrán
rellenos con ricota
Ravioli con zafferano ripieni di ricotta

⊗

INGREDIENTES   6 PORCIONES

Relleno
- > **500 g de ricota**
- > **2 cucharadas de ralladura fina de naranja**
- > **2 huevos**
- > **3 cucharadas de queso parmesano rallado**
- > **sal, pimienta**

Masa
- > **masa con azafrán (pág. 44) preparada con 5 huevos**
- > **1 huevo para pincelar**

Salsa
- > **50 g de manteca**
- > **50 cc de crema de leche**
- > **10 hojas de menta**
- > **queso rallado para servir**

Relleno
Pasar la ricota por un tamiz; colocarla en un bol. Agregar la ralladura de naranja, los huevos, el queso rallado, sal y pimienta recién molida. Mezclar muy bien.

Masa
Estirar la masa hasta que resulte fina. Cortar con cortapastas redondo o cuadrado. Disponer 1 cucharadita de relleno en el centro de cada pieza de masa. Pincelar los bordes con huevo, cerrar en forma de semicírculos o triángulos y presionar para sellar. Dejar orear y luego hervir (pág. 44).

Salsa
Colocar en una cacerolita la manteca, la crema y la menta picada fina. Cocinar durante 10 minutos. Salpimentar a gusto. Pasar la salsa a una sartén, añadir los ravioles y sartenear unos minutos. Servir de inmediato, con queso rallado.

Ravioles de ricota
con salsa de alcauciles
Ravioli di ricotta con salsa di carciofi

······································· ◎ ·······································

6 PORCIONES

Relleno
Mezclar la ricota con la menta picada fina. Condimentar a gusto con sal, pimienta y nuez moscada. Unir con el aceite.

Masa
Estirar la masa hasta dejarla fina. Cortar cuadrados de 4 cm de lado. Poner 1 cucharadita de relleno en el centro de cada uno. Pincelar los bordes con huevo, cerrar en forma de triángulos y presionar para sellar. Dejar orear y luego hervir (pág. 44).

Salsa
Limpiar los alcauciles descartando las partes duras y las espinillas del centro. Cortarlos en tajadas bien finas. Sofreírlos, junto con el echalote picado fino, en una sartén grande con 2 cucharadas de aceite de oliva. Agregar la crema y dejar reducir durante 5 minutos. Salpimentar.
Incorporar los ravioles a la salsa y calentar unos minutos. Espolvorear con queso rallado y perejil picado. Servir enseguida.

INGREDIENTES

Relleno
> 600 g de ricota
> 3 hojas de menta
> sal, pimienta y nuez moscada
> 1 cucharada de aceite de oliva

Masa
> masa básica (pág. 44) preparada con 5 huevos
> 1 huevo para pincelar

Salsa
> 4 alcauciles
> 1 echalote
> aceite de oliva
> 350 cc de crema de leche
> queso rallado para servir
> 1 cucharada de perejil picado

Ravioles de pollo y cerdo
Ravioli di pollo e maiale

❦

INGREDIENTES   6 PORCIONES

Relleno
> 1 pechuga de pollo deshuesada
> 1 costilla de cerdo deshuesada
> 1 cucharada de manteca
> 50 g de mortadela con pistachos
> 50 g de jamón crudo magro
> 2 huevos
> 100 g de queso parmesano
> sal, pimienta y nuez moscada

Masa
> masa básica (pág. 44) preparada con 5 huevos
> 1 huevo para pincelar

Salsa
> 40 g de manteca
> 50 cc de crema de leche
> 30 g de queso parmesano
> 100 g de jamón cocido
> 3 cucharadas de arvejas congeladas
> 3 cucharadas de coñac

Relleno
Cortar el pollo y el cerdo en cubos; dorarlos en la manteca durante 10 minutos. Procesar junto con los fiambres. Incorporar los huevos, el queso rallado y los condimentos. Mezclar bien.

Masa
Estirar la masa hasta dejarla fina. Pincelar con el huevo ligeramente batido con 1 cucharadita de agua y cortar con cortapastas redondo de 8 cm de diámetro. Repartir el relleno sobre los discos, cerrar en forma de semicírculos y presionar para sellar. Dejar orear y luego hervir (pág. 44).

Salsa
Calentar en una sartén grande la manteca, la crema, el parmesano rallado, el jamón cortado en cubitos y las arvejas. Cocinar 10 minutos. Incorporar los ravioles, rociar con el coñac y flamear. Mezclar delicadamente y servir.

Tortelli de calabaza
y salchicha
Tortelli di zucca e salsiccia

⊘

6 PORCIONES

INGREDIENTES

Relleno
Envolver la calabaza en papel de aluminio y cocinarla en el horno; hacer un puré. Quitar la piel de la salchicha, desmenuzar y cocinar en una sartén con el aceite; pasar por el mixer. Unir el puré de calabaza con la salchicha, el queso rallado, el perejil, sal y pimienta.

Masa
Estirar la masa hasta dejarla bien fina. Cortar con cortapastas redondo de 12 cm de diámetro. Pincelar con el huevo ligeramente batido con 1 cucharadita de agua. Colocar un montoncito de relleno en el centro de cada disco, cerrar en forma de semicírculos y presionar para sellar. Dejar orear y luego hervir (pág. 44).

Salsa
Derretir la manteca en una sartén y saltear la rúcula durante 5 minutos. Agregar queso rallado a gusto, ajo y perejil picados, sal y pimienta. Incorporar los tortelli a la salsa. Sartenear por 1 o 2 minutos. Servir bien calientes.

Relleno
> 500 g de calabaza limpia
> 200 g de salchicha fresca de carnicería
> 1/2 cucharada de aceite de oliva
> 100 g de queso parmesano
> 1 cucharada de perejil picado
> sal, pimienta

Masa
> masa básica (pág. 44) preparada con 5 huevos
> 1 huevo para pincelar

Salsa
> 100 g de manteca
> 2 atados de rúcula
> queso rallado
> ajo y perejil picados

Tortelloni burro-oro

Tortelloni burro-oro

ᘓᕬᗢ

6 PORCIONES

Relleno
- > **500 g de ricota**
- > **100 g de queso parmesano**
- > **2 huevos**
- > **2 cucharadas de perejil picado**
- > **sal, pimienta, nuez moscada**

Masa
- > **masa básica (pág. 44) preparada con 5 huevos**
- > **1 huevo para pincelar**

Salsa
- > **200 g de manteca**
- > **500 g de salsa de tomates fresca**
- > **1 diente de ajo**
- > **albahaca fresca**
- > **200 g de queso parmesano**

Relleno
Mezclar la ricota con el queso rallado, los huevos, el perejil y los condimentos.

Masa
Estirar la masa hasta que resulte fina. Cortarla en tiras de 8 cm de ancho y luego en cuadrados. Distribuir sobre ellos el relleno, con cucharita o con manga. Pincelar los bordes con huevo, cerrar en forma de triángulos y presionar para sellar; unir las puntas.
Dejar orear y luego hervir (pág. 44).

Salsa
Poner en una sartén 50 g de manteca, la salsa de tomates, el ajo y albahaca a gusto. Cocinar por 10 minutos.
En otra sartén derretir la manteca restante. Agregar los tortelloni y el queso rallado. Sartenear por 1 o 2 minutos.
Colocar en cada plato un espejo de salsa y ubicar encima 5 o 6 tortelloni. Decorar con hojas de albahaca y servir de inmediato.

Agnolotti sardos

Agnolotti sardi

4 PORCIONES	INGREDIENTES

Relleno

Cortar las berenjenas en cubos. Dorarlas en una sartén con aceite de oliva; retirarlas. En la misma sartén sofreír la cebolla cortada en pluma. Pasar ambos vegetales por el mixer. Unir con la ricota, el queso rallado, los huevos, perejil y albahaca picados, sal y pimienta.

Masa

Estirar la masa hasta alcanzar 2 mm de espesor. Cortar tiras de 30 por 10 cm y pintarlas con el huevo batido con 1 cucharadita de agua. Sobre una tira disponer, con manga o cucharita, montoncitos de relleno separados 5 cm entre sí. Cubrir con otra tira de masa, presionar alrededor del relleno y cortar agnolotti redondos o cuadrados. Repetir con la masa y el relleno restantes. Dejar orear y luego hervir (pág. 44).

Salsa

Calentar el aceite y el ajo en una sartén. Agregar los tomates pasados por el mixer, la crema, el azúcar y sal a gusto. Salsear los agnolotti y servir con queso rallado.

Relleno
> 2 berenjenas
> aceite de oliva
> 1 cebolla
> 200 g de ricota
> 60 g de queso sardo
> 2 huevos
> perejil y albahaca
> sal, pimienta

Masa
> masa con azafrán
  (pág. 44) preparada
  con 4 huevos
> 1 huevo para pincelar

Salsa
> 6 cucharadas de aceite
  de oliva
> 2 o 3 dientes de ajo
> 2 latas de tomates
> 3 cucharadas de crema
  de leche
> 1 pizca de azúcar
> queso rallado para servir

Pansotti con salsa de nueces

Pansotti con salsa di noci

ᘓᘔᗤ

INGREDIENTES

6 PORCIONES

Relleno
> 500 g de espinaca
> 1 atado de rúcula
> 2 huevos
> 200 g de ricota
> 1 diente de ajo
> sal, pimienta y nuez moscada
> 3 cucharadas de queso parmesano rallado

Masa
> masa básica (pág. 44) preparada con 5 huevos
> 1 huevo para pincelar

Salsa
> 300 g de nueces
> 1/2 diente de ajo
> mejorana fresca
> 2 rebanadas de pan lácteo
> 2 cucharadas de aceite de oliva
> 200 cc de crema ácida (pág. 18)
> 50 g de manteca
> queso rallado para servir

Relleno
Cocinar al vapor la espinaca y la rúcula.
Exprimirlas y procesarlas junto con los huevos, la ricota, el ajo, los condimentos y el queso rallado.

Masa
Estirar la masa hasta dejarla bien fina. Con la ruedita cortar cuadrados de 6 cm de lado. Colocar sobre ellos montoncitos de relleno. Pincelar alrededor con el huevo ligeramente batido con 1 cucharadita de agua. Cerrar en forma de triángulos y presionar para sellar. Dejar orear y luego hervir (pág. 44).

Salsa
Colocar en la licuadora las nueces, el ajo, la mejorana, el pan remojado en agua y exprimido, el aceite, sal y pimienta. Licuar hasta lograr una textura lisa. Agregar la crema ácida y licuar hasta integrar.
Aderezar los pansotti con la salsa y la manteca. Espolvorear con queso rallado y servir.

Pequeños babás al chocolate
Piccoli babá al cioccolato

página 213

Café Borgia
Caffé Borgia

página 212

Trufas crocantes
Tartufi croccanti

Galani con chiacchere

Espaguetis a la carbonara

Spaghetti alla carbonara

ↀↀↀ

6 PORCIONES

Poner en una olla grande 1 litro de agua y 10 g de sal gruesa por cada 100 g de pasta. Llevar al fuego y, cuando rompa el hervor, echar la pasta. Cocinar hasta que esté al dente. Picar finamente la cebolla. Cortar la panceta en tiritas. Dorar ambos ingredientes en una cacerola con la manteca. Verter el vino, dejar que se evapore y retirar del fuego. Aparte, en un bol, batir los huevos con el queso parmesano rallado, el perejil, sal y pimienta a gusto. Colar la pasta y ponerla de nuevo en la olla. Agregar la preparación de panceta y el batido de huevos, volver al fuego y mezclar por unos minutos. Servir bien caliente.

INGREDIENTES

> **500 g de espaguetis**
> **sal gruesa para la cocción**
> **50 g de cebolla**
> **150 g de panceta ahumada**
> **25 g de manteca**
> **1/2 vaso de vino blanco seco**
> **2 huevos**
> **100 g de queso parmesano**
> **perejil picado fino**
> **sal, pimienta**

Plato típico de los carboneros, que en la época de la posguerra, cuando escaseaba el gas, repartían carbón por las casas de Roma.

Espaguetis a la puttanesca
Spaghetti alla puttanesca

〰〰〰〰〰〰〰〰 ❧ 〰〰〰〰〰〰〰〰

INGREDIENTES

6 PORCIONES

> 1 tacita de aceite
de oliva
> 1 peperoncino
> 2 dientes de ajo
> 500 g de tomates
cubeteados
> 50 g de alcaparras
> 100 g de aceitunas
negras
> 3 o 4 anchoas en aceite
> sal, perejil
> 500 g de espaguetis
> sal gruesa para
la cocción

Calentar en una sartén el aceite de oliva, junto con el peperoncino y los dientes de ajo, para aromatizar. Retirar estos dos ingredientes.
Añadir a la sartén los tomates, las alcaparras y las aceitunas picadas. Cocinar durante 20 minutos.
Incorporar las anchoas y mezclar. Salar apenas y agregar perejil picado a gusto.
Poner en una olla grande 1 litro de agua y 10 g de sal gruesa por cada 100 g de pasta. Llevar al fuego y, cuando rompa el hervor, echar la pasta. Cocinar hasta que esté al dente.
Colar la pasta y servir de inmediato, con la salsa.

Cuando las mujeres que ejercían su oficio en las calles de Roma volvían a sus casas, a la madrugada, se preparaban este plato de pasta algo picante, para recuperar las fuerzas perdidas durante la noche.

Espaguetis
con albondiguitas a la napolitana
Spaghetti con le polpettine alla napoletana

∞

6 PORCIONES

Hervir la papa y hacer un puré. Añadir la carne, la cebolla finamente picada, el perejil, el huevo, sal y pimienta. Amasar bien y formar 20 albondiguitas del tamaño de una nuez pequeña. Pasarlas por harina. Calentar un poco de aceite de oliva en una sartén. Agregar las albondiguitas y dorarlas. Incorporar los tomates y el extracto disuelto en 2 cucharadas de agua. Cocinar durante 20 minutos. Poner en una olla grande 1 litro de agua y 10 g de sal gruesa por cada 100 g de pasta. Llevar al fuego y, cuando rompa el hervor, echar la pasta. Cocinar hasta que esté al dente. Colar la pasta e incorporarla a la sartén con la salsa. Sartenear para mezclar bien. Servir de inmediato, con la albahaca por encima. Si desea, espolvorear con queso parmesano rallado.

INGREDIENTES

> 1 papa mediana
> 400 g de carne vacuna magra picada
> 1 cebolla pequeña
> 1 cucharada de perejil picado
> 1 huevo
> sal, pimienta
> harina para empolvar
> aceite de oliva
> 2 latas de tomates cubeteados
> 1 cucharada de extracto de tomate
> 400 g de espaguetis
> sal gruesa para la cocción
> 1 cucharada de albahaca picada gruesa
> queso parmesano rallado para servir (optativo)

Espaguetis
con mejillones y rúcula
Spaghetti alle cozze e rúcola

INGREDIENTES

6 PORCIONES

> aceite de oliva
> 2 dientes de ajo
> 10 mejillones con sus valvas
> 1/2 vaso de vino blanco
> albahaca fresca
> 1 atado de rúcula
> 500 g de mejillones limpios
> orégano seco
> 1 lata de tomates
> sal, pimienta
> 500 g de espaguetis
> sal gruesa para la cocción

Calentar un fondo de aceite de oliva en una sartén, junto con 1 diente de ajo. Incorporar los mejillones con valvas y sartenear rápidamente. Añadir el vino y unas hojas de albahaca cortadas con tijera. Tapar y cocinar hasta que los mejillones se abran.

En otra sartén con aceite de oliva sofreír el otro diente de ajo entero, la rúcula rasgada en trozos grandes, los mejillones limpios, un toque de orégano y los tomates picados. Condimentar con sal y pimienta a gusto. Cocinar durante 10 minutos.

Poner en una olla grande 1 litro de agua y 10 g de sal gruesa por cada 100 g de pasta. Llevar al fuego y, cuando rompa el hervor, echar la pasta. Cocinar hasta que esté al dente.

Colar la pasta y agregarla a la sartén con la salsa de rúcula. Sartenear por 2 minutos. Pasar a una fuente y decorar con los mejillones abiertos. Espolvorear con pimienta y servir.

Linguine a la napolitana

Linguine alla napoletane

6 PORCIONES

Cortar los tomates por el medio y colocarlos en una fuente térmica. Rallar fino el queso elegido. Desmenuzar el peperoncino. Picar finamente los dientes de ajo. Colocar los tres ingredientes en un bol. Añadir el perejil, el pan rallado, el aceite de oliva y algo de sal. Integrar bien todo. Esparcir la mezcla de queso sobre los tomates. Cubrir con papel de aluminio. Llevar a horno precalentado a 200°C durante 20 minutos. Poner en una olla grande 1 litro de agua y 10 g de sal gruesa por cada 100 g de pasta. Llevar al fuego y, cuando rompa el hervor, echar la pasta. Cocinar hasta que esté al dente. Colar la pasta y ponerla en una sartén, junto con la preparación de tomates. Sartenear por unos minutos. Ajustar la sal y servir.

INGREDIENTES

> **750 g de tomates cherry**
> **150 g de queso sardo o pecorino**
> **1 peperoncino**
> **2 dientes de ajo**
> **4 cucharadas de perejil picado**
> **150 g de pan rallado**
> **100 cc de aceite de oliva**
> **sal a gusto**
> **500 g de linguine**
> **sal gruesa para la cocción**

Macarrones con ragú
picante de fiambre y hierbas

Maccheroni al ragú piccante di salumi ed erbe

⚬✕⚬

INGREDIENTES

6 PORCIONES

> **50 g de jamón crudo**
> **50 g de panceta**
> **ahumada**
> **100 g de salamín**
> **picante picado fino**
> **3 echalotes**
> **hierbas aromáticas**
> **(romero, salvia, perejil,**
> **tomillo)**
> **aceite de oliva**
> **100 cc de caldo de ave**
> **50 g de tomates secos**
> **en aceite**
> **sal a gusto**
> **500 g de macarrones**
> **sal gruesa para**
> **la cocción**
> **50 g de piñones**
> **1 cucharada de queso**
> **parmesano rallado**

Procesar el jamón junto con la panceta y el salamín sin piel. Picar finamente los echalotes. Picar las hierbas.
Dorar los fiambres en una sartén limpia, a fuego suave. Retirarlos con espumadera.
Agregar a la sartén 1 cucharada de aceite de oliva; calentar. Incorporar los echalotes y dorarlos ligeramente. Añadir de nuevo los fiambres, junto con el caldo, los tomates picados, poca sal y la mitad de las hierbas. Cocinar 15 minutos, hasta reducir un poco.
Poner en una olla grande 1 litro de agua y 10 g de sal gruesa por cada 100 g de pasta. Llevar al fuego y, cuando rompa el hervor, echar la pasta. Cocinar hasta que esté al dente.
Colar la pasta y sumarla a la sartén con la salsa. Cocinar 2 minutos. Agregar los piñones y el resto de las hierbas. Espolvorear con el queso parmesano y servir.

Fusilli con verduras grilladas

Fusilli alle verdure grigliate

⚬✦⚬

6 PORCIONES

INGREDIENTES

Ubicar en una cacerola los tomates cherry, el aceite de oliva, las hierbas, el ajo, el azúcar, sal a gusto y unos granos de pimienta. Tapar y cocinar a fuego lento durante 15 minutos, para que los tomates resulten confitados. Cortar las berenjenas y los zucchini en finas tajadas y el pimiento en tiras. Pincelar con aceite de oliva y grillar en una plancha aceitada. Poner en una olla grande 1 litro de agua y 10 g de sal gruesa por cada 100 g de pasta. Llevar al fuego y, cuando rompa el hervor, echar la pasta. Cocinar hasta que esté al dente. Colar. Verter un chorrito de aceite de oliva en una sartén. Colocar en ella las verduras grilladas, la pasta y la mitad de los tomates confitados. Salpimentar a gusto y sartenear todo junto durante unos minutos. Servir de inmediato. Decorar con el resto de los tomates confitados.

> 500 g de tomates cherry
> 1 vaso de aceite de oliva
> hierbas aromáticas
  (laurel, tomillo, orégano, albahaca)
> 1 o 2 dientes de ajo
> 1 cucharada de azúcar
> sal, pimienta en grano
> 2 berenjenas
> 2 zucchini
> 1 pimiento rojo
> aceite de oliva adicional
> 500 g de fusilli
> sal gruesa para la cocción

Penne con crema
de gorgonzola

Penne alla crema di gorgonzola

INGREDIENTES 6 PORCIONES

> **500 g de penne**
> **sal gruesa para la
> cocción**
> **50 g de manteca**
> **200 cc de crema de
> leche**
> **250 g de gorgonzola
> u otro queso azul**
> **sal, pimienta**
> **queso parmesano rallado
> para servir**

Poner en una olla grande 1 litro de agua y 10 g de sal gruesa por cada 100 g de pasta. Llevar al fuego y, cuando rompa el hervor, echar la pasta. Cocinar hasta que esté al dente.

Fundir la manteca en una cacerolita. Agregar la crema de leche y el queso azul desmenuzado. Cocinar a fuego lento hasta lograr una textura homogénea. Condimentar a gusto con sal y pimienta.

Colar la pasta y mezclarla con la crema de queso azul, bien caliente. Espolvorear con queso parmesano rallado y servir.

El gorgonzola, el gran queso del norte, es para los italianos lo que el roquefort para los franceses, el cabrales para los españoles o el stilton para los ingleses. Todos son quesos azules que enorgullecen a sus respectivos países.

Penne al picante

Penne al piccante

⁃⁃⁃⁃⁃⁃⁃⁃⁃⁃⁃⁃⁃⁃⁃⁃⁃⁃⁃⁃⁃⁃⁃⁃⁃⁃⁃⁃⁃⁃⁃⁃⁃⁃⁃⁃⁃⁃⁃ ☙ ⁃⁃⁃⁃⁃⁃⁃⁃⁃⁃⁃⁃⁃⁃⁃⁃⁃⁃⁃⁃⁃⁃⁃⁃⁃⁃⁃⁃⁃⁃⁃⁃

6 PORCIONES

Colocar en una sartén los tomates, 2 cucharadas de aceite de oliva y algo de sal. Cocinar aproximadamente 20 minutos, hasta obtener una salsa reducida.
Poner en una olla grande 1 litro de agua y 10 g de sal gruesa por cada 100 g de pasta. Llevar al fuego y, cuando rompa el hervor, echar la pasta. Cocinar hasta que esté al dente.
Calentar 5 o 6 cucharadas de aceite de oliva en una sartén. Sofreír el perejil picado y los dientes de ajo enteros. Verter el vino. Añadir la salsa de tomates, el peperoncino y las aceitunas.
Colar la pasta e incorporarla a la sartén con la salsa. Sartenear unos minutos. Esparcir por encima albahaca picada. Servir de inmediato.

INGREDIENTES

> **500 g de tomates cubeteados**
> **aceite de oliva**
> **sal a gusto**
> **500 g de penne**
> **sal gruesa para la cocción**
> **1 manojo de perejil**
> **4 dientes de ajo**
> **1/2 vaso de vino blanco seco**
> **peperoncino en polvo**
> **150 g de aceitunas negras**
> **albahaca fresca**

Orecchiette
con camarones y pesto genovés
Orecchiette con gamberi e pesto genovese

⟨χ⟩

INGREDIENTES 6 PORCIONES

Pesto genovés
> 1 manojo de hojas
de albahaca
> 2 dientes de ajo
> 100 cc de aceite
de oliva
> 1 cucharada de piñones
o nueces
> sal, pimienta
> 2 cucharadas de queso
parmesano rallado

Pasta
> 500 g de orecchiette
> sal gruesa para
la cocción
> 2 echalotes
> 4 cucharadas de aceite
de oliva
> 250 g de camarones
> 1/2 vaso de vino blanco
> albahaca fresca

Pesto genovés
Licuar todos los ingredientes hasta lograr una textura untuosa.

Pasta
Poner en una olla grande 1 litro de agua y 10 g de sal gruesa por cada 100 g de pasta. Llevar al fuego y, cuando rompa el hervor, echar la pasta. Cocinar hasta que esté al dente.
Picar finamente los echalotes. Sofreírlos en una sartén con el aceite de oliva. Incorporar los camarones, verter el vino y dejar que se evapore. Salpimentar a gusto. Cocinar durante pocos minutos.
Colar la pasta y añadirla a la sartén junto con 1 cucharón del agua de cocción. Sartenear a fuego vivo.
Retirar del fuego, agregar el pesto y mezclar. Esparcir por encima albahaca picada gruesa. Servir bien caliente.

Pasta corta con zucchini

Pasta corta con zucchini

6 PORCIONES

Cortar los zucchini en rodajas. Sofreírlos
ligeramente en una sartén con la manteca y el
aceite de oliva. Agregar las cebollas de verdeo
cortadas en ruedas finas. Cocinar alrededor de
10 minutos más, hasta que los zucchini estén
tiernos. Salar a gusto.
Poner en una olla grande 1 litro de agua y 10 g
de sal gruesa por cada 100 g de pasta. Llevar al
fuego y, cuando rompa el hervor, echar la pasta.
Cocinar hasta que esté al dente.
Unir en un bol el queso rallado, la crema
y 2 cucharadas del agua de cocción de la pasta.
Sazonar con pimienta.
Colar la pasta y añadirla a la sartén con los
zucchini, aún calientes. Revolver y agregar la
mezcla de queso.
Servir enseguida, con albahaca picada gruesa
por encima.

INGREDIENTES

> **4 zucchini**
> **2 cucharadas**
>   **de manteca**
> **3 cucharadas de aceite**
>   **de oliva**
> **4 cebollas de verdeo**
> **sal, pimienta**
> **500 g de pasta corta**
>   **a elección**
> **sal gruesa para**
>   **la cocción**
> **50 g de queso rallado**
> **250 cc de crema**
>   **de leche**
> **albahaca fresca**

Tortiglioni
con salsa de azafrán y rúcula
Tortiglioni con salsa di zafferano e rúcola

INGREDIENTES   6 PORCIONES

- > **600 cc de leche**
- > **30 g de manteca**
- > **30 g de harina**
- > **sal, pimienta**
- > **1 cápsula de azafrán**
- > **2 atados de rúcula**
- > **100 g de queso parmesano**
- > **500 g de tortiglioni secos**
- > **sal gruesa para la cocción**
- > **queso parmesano para servir**

Calentar la leche en un jarro. Derretir la manteca en una cacerolita. Espolvorear con la harina, unir bien y calentar hasta que burbujee.

Verter la leche de a poco, mientras se revuelve, y cocinar hasta obtener una salsa liviana. Condimentar con sal, pimienta y el azafrán. Incorporar la rúcula rasgada en trozos grandes y el queso parmesano rallado.

Poner en una olla grande 1 litro de agua y 10 g de sal gruesa por cada 100 g de pasta. Llevar al fuego y, cuando rompa el hervor, echar la pasta. Cocinar hasta que esté al dente.

Colar la pasta y agregarla a la sartén con la salsa. Mezclar bien, esparcir por encima escamas de parmesano y servir.

La base de un buen risotto
La base di un buon risotto

∽◯∾

6 PORCIONES

Picar finamente la cebolla o los echalotes.
Ponerlos en una cacerola, junto con el aceite
y 1 cucharada de manteca. Cocinar hasta que
estén transparentes.
Agregar el arroz y revolver hasta que los granos
resulten nacarados. Verter el vino y dejar que se
evapore.
Incorporar el caldo de a poco, mezclando con
frecuencia. Cocinar de este modo durante
18 minutos en total. Ajustar la sazón con sal y
pimienta. Apagar el fuego.
Esparcir sobre el arroz la manteca restante
cortada en cubitos. Espolvorear con el queso
parmesano rallado. Tapar y dejar reposar
1 minuto antes de servir.

INGREDIENTES

> 1/2 cebolla
  o 2 echalotes
> 1 cucharada de aceite
  de oliva
> 2 cucharadas
  de manteca
> 400 g de arroz carnaroli
  o arbóreo
> 1/2 vaso de vino blanco
  seco
> 1 litro de caldo
> sal, pimienta
> 50 g de queso
  parmesano

Nota
Secretos de un risotto impecable
- Elegir arroz del tipo adecuado y de buena
  calidad, no parboilizado.
- Nacararlo para que se recubra con materia
  grasa antes de añadir el líquido.
- Usar un buen caldo e incorporarlo a medida
  que el arroz lo absorba.
- Tener paciencia y estar atento durante toda la
  cocción.
- Realizar el enmantecado final y respetar el
  tiempo de reposo.
- El risotto debe quedar *all'onda*, es decir,
  espeso, pero no compacto.

Risotto con ossobuco
a la milanesa
Risotto con ossobuco alla milanese

⌒⊙⌒

INGREDIENTES 6 PORCIONES

> **30 g de manteca**
> **2 cucharadas de aceite de oliva**
> **1 cebolla de verdeo**
> **6 rodajas de ossobuco**
> **2 cucharadas de harina**
> **1 vaso de vino blanco seco**
> **1 taza de caldo de carne**
> **3/4 lata de tomates**
> **sal, pimienta negra**
> **1 bouquet garni**
> **1 cucharada de perejil picado**
> **1 trocito de corteza de limón**

Risotto
> **1 cebolla**
> **50 g de manteca**
> **400 g de arroz carnaroli o arbóreo**
> **1/2 vaso de vino blanco seco**
> **1 litro de caldo**
> **1 cápsula de azafrán**
> **50 cc de crema de leche**
> **60 g de queso parmesano**

Calentar la manteca y el aceite en una sartén profunda; dorar la cebolla de verdeo picada. Empolvar el ossobuco con la harina, añadirlo y dorarlo de ambos lados. Verter el vino y dejar que se evapore. Incorporar el caldo, los tomates picados, sal, pimienta, el bouquet garni, el perejil y la corteza de limón. Cocinar aproximadamente 45 minutos, hasta que el ossobuco esté tierno.

Risotto
Cocinar la cebolla picada fina en una cacerola con la mitad de la manteca hasta que esté transparente. Agregar el arroz y revolver hasta que resulte nacarado. Verter el vino y dejar que se evapore. Incorporar el caldo de a poco y cocinar, mezclando a menudo, durante 18 minutos; a mitad de cocción sazonar con el azafrán, sal y pimienta.
Apagar el fuego. Esparcir sobre el arroz la manteca restante en cubitos, la crema y el queso rallado. Tapar y dejar reposar 1 minuto. Servir con el ossobuco y su salsa.

Risotto con hongos
Risotto ai funghi

❧

6 PORCIONES

Picar finamente los echalotes. Cocinarlos en una cacerola, con el aceite y la manteca, hasta que estén transparentes.
Agregar el arroz y revolver hasta que resulte nacarado. Verter el vino y dejar que se evapore. Incorporar el caldo de a poco y cocinar, mezclando con frecuencia, durante 18 minutos. Ajustar la sazón con sal y pimienta. Apagar el fuego.
Volcar la crema sobre el arroz. Espolvorear con el queso rallado. Tapar y dejar reposar 1 minuto.

Hongos
Filetear los hongos. Calentar la manteca en una sartén, junto con el diente de ajo ensartado en un palillo. Incorporar los hongos y sartenear unos minutos. Agregar el vino y dejar que se evapore. Salpimentar. Cocinar a fuego lento durante 20 minutos. Descartar el ajo. Espolvorear con el perejil.
Distribuir en los platos el risotto y encima los hongos. Servir de inmediato.

INGREDIENTES

> 2 echalotes
> 1 cucharada de aceite de oliva
> 25 g de manteca
> 400 g de arroz carnaroli o arbóreo
> 1 vaso de vino blanco seco
> 1 litro de caldo de carne
> sal, pimienta
> 50 cc de crema de leche
> 50 g de queso parmesano

Hongos
> 500 g de hongos frescos (champiñones y portobellos)
> 50 g de manteca
> 1 diente de ajo
> 1 vaso de vino blanco
> 2 cucharadas de perejil picado

Risotto primavera

Risotto primavera

❧

INGREDIENTES

6 PORCIONES

> **300 g de mix de verduras congeladas**
> **2 echalotes**
> **1 cucharada de aceite de oliva**
> **50 g de manteca**
> **400 g de arroz carnaroli o arbóreo**
> **1 vaso de vino blanco seco**
> **1 litro de caldo de carne**
> **sal, pimienta**
> **50 g de queso parmesano**

Descongelar el mix de verduras de acuerdo con las instrucciones del envase. Picar finamente los echalotes.

Poner en una cacerola las verduras, los echalotes, el aceite y la mitad de la manteca. Rehogar durante pocos minutos.

Agregar el arroz y revolver hasta que los granos resulten nacarados. Verter el vino y dejar que se evapore.

Incorporar el caldo de a poco, mezclando con frecuencia. Cocinar de este modo durante 18 minutos en total. Ajustar la sazón con sal y pimienta. Apagar el fuego.

Esparcir sobre el arroz la manteca restante cortada en cubitos. Espolvorear con el queso parmesano rallado. Tapar y dejar reposar 1 minuto antes de servir.

Risotto con alcauciles

Risotto con carciofi

〇〇〇

6 PORCIONES

Limpiar los alcauciles descartando las partes duras y las espinillas del centro; filetearlos. Picar finamente la cebolla. Rehogar ambos vegetales en una cacerola, con el aceite y 2 cucharadas de manteca. Agregar el jamón cortado en dados pequeños y el arroz; revolver hasta dorar ligeramente. Verter el vino y dejar que se evapore. Incorporar el caldo de a poco y cocinar, mezclando con frecuencia, durante 18 minutos. Ajustar la sazón con sal y pimienta. Apagar el fuego. Esparcir sobre el arroz la manteca restante, cortada en cubitos, y la crema. Espolvorear con el perejil picado y el queso rallado. Tapar y dejar reposar 1 minuto antes de servir.

INGREDIENTES

> **6 alcauciles**
> **1 cebolla chica**
> **1 cucharada de aceite de oliva**
> **3 cucharadas de manteca**
> **50 g de jamón crudo**
> **400 g de arroz carnaroli o arbóreo**
> **1/2 vaso de vino blanco seco**
> **1 litro de caldo**
> **poca sal, pimienta**
> **100 cc de crema de leche**
> **1 manojo de perejil**
> **queso rallado para servir**

Risotto con queso ahumado y espárragos

Risotto con la provola affumicata e asparagi

⚬⚬⚬

INGREDIENTES

6 PORCIONES

> 1 atado de espárragos
> 2 cucharadas de aceite
de oliva
> sal, pimienta
> 2 echalotes
> 50 g de manteca
> 400 g de arroz carnaroli
o arbóreo
> 1 vaso de vino blanco
seco
> 1 litro de caldo de carne
> 250 g de queso ahumado
semiduro
> 50 g de queso
parmesano

Limpiar los espárragos con un pelapapas para retirar la parte externa más fibrosa. Cortar en trozos de 3 cm, descartando el extremo duro. Cocinar en agua hirviente durante 5 minutos, pasar por agua fría y escurrir. Sartenear por 2 minutos con 1 cucharada de aceite de oliva. Salar y reservar.

Picar finamente los echalotes. Cocinarlos en una cacerola, con el aceite restante y la mitad de la manteca, hasta que estén transparentes.

Agregar el arroz y revolver hasta que resulte nacarado. Verter el vino y dejar que se evapore. Incorporar el caldo de a poco y cocinar, mezclando con frecuencia, durante 15 minutos. Añadir gradualmente el queso ahumado cortado en cubos pequeños y los espárragos, mezclando cada vez, mientras prosigue la cocción. Ajustar la sazón con sal y pimienta. Apagar el fuego. Esparcir sobre el arroz la manteca restante cortada en daditos. Espolvorear con el queso rallado. Tapar y dejar reposar 1 minuto antes de servir.

Risotto

con peras y queso sardo

Risotto con pere e sardo

6 PORCIONES

Pelar las peras, cortarlas por el medio, quitarles los centros y cortarlas en cubos pequeños. Saltearlas en una sartén antiadherente con la mitad de la manteca, mezclando continuamente. Reservar.

Picar finamente la cebolla. Cocinarla en una cacerola, con el aceite y la manteca restante, hasta que esté transparente.

Agregar el arroz y revolver hasta que resulte nacarado. Verter el aguardiente y dejar que se evapore.

Incorporar el caldo de a poco y cocinar, mezclando con frecuencia, durante 18 minutos. Ajustar la sazón con sal y pimienta. Apagar el fuego.

Añadir las peras, el queso sardo cortado en cubitos y el perejil. Tapar y dejar reposar 2 minutos antes de servir.

INGREDIENTES

> **2 peras Williams bien firmes**
> **60 g de manteca**
> **1 cebolla pequeña**
> **3 cucharadas de aceite de oliva**
> **400 g de arroz carnaroli o arbóreo**
> **2 cucharadas de aguardiente de peras**
> **1 litro de caldo de verduras**
> **sal, pimienta**
> **200 g de queso sardo**
> **1 cucharadita de perejil picado**

Risotto con salchicha

Risotto con salsiccia

ᘒᘒ

INGREDIENTES

6 PORCIONES

- > **2 echalotes**
- > **300 g de salchicha fresca de carnicería**
- > **1 cucharada de manteca**
- > **400 g de arroz carnaroli o arbóreo**
- > **1 vaso de vino blanco**
- > **1 litro de caldo de verduras**
- > **1 cápsula de azafrán**
- > **sal, pimienta**
- > **80 g de queso parmesano**

Picar finamente los echalotes. Cortar la salchicha en trozos pequeños.
Colocar los echalotes en una cacerola, junto con la manteca. Cocinar hasta que estén transparentes. Añadir la salchicha y dorarla ligeramente.
Agregar el arroz y revolver hasta que los granos resulten nacarados. Verter el vino y dejar que se evapore.
Incorporar el caldo de a poco, mezclando con frecuencia. Cocinar de este modo durante 18 minutos en total; a mitad de cocción, condimentar con el azafrán disuelto en 2 cucharadas de caldo. Ajustar la sazón con sal y pimienta. Apagar el fuego.
Espolvorear con el queso parmesano rallado.
Tapar y dejar reposar 1 minuto antes de servir.

Uno, cento, mille chicchi.
Uno, cien, mil granos de arroz.

Polenta al horno

Polenta pasticciata al forno

⟳

6 PORCIONES

Colocar el agua en una olla, añadir la sal y llevar a hervor.
Echar en forma de lluvia la harina de maíz, mientras se mezcla constantemente con cuchara de madera. Continuar mezclando hasta que retome el hervor.
Cocinar durante 45 minutos, revolviendo con frecuencia. La polenta estará a punto cuando se despegue de las paredes de la olla.
En una fuente térmica disponer una capa de polenta recién preparada y una capa de ragú. Cubrir con tajadas de queso mantecoso y espolvorear con queso rallado. Repetir las capas hasta terminar con todos los ingredientes. Esparcir en la superficie la manteca cortada en trocitos.
Gratinar en el horno caliente durante 20 minutos. Servir enseguida.

INGREDIENTES

> 1,5 litro de agua
> 1 cucharada de sal gruesa
> 500 g de harina de maíz común (no precocida)
> ragú a la boloñesa (pág. 45)
> queso mantecoso
> queso rallado
> 50 g de manteca

Nota
Si se reduce la cantidad de líquido a 1,2 litro, se obtiene una polenta más consistente, lo que permite servirla al estilo tradicional. Éste consiste en volcar sobre un plato de madera la polenta recién preparada, darle forma de torta con una espátula ligeramente mojada, cortar las porciones con un hilo de cocina y saborear en el momento, con salsa a elección.

Polenta con peceto y hongos
Polenta con brasato e funghi

❧

INGREDIENTES

6 PORCIONES

> **1 kilo de peceto**
> **1 zanahoria**
> **2 tallos de apio**
> **1 vaso de vino tinto**
> **1 clavo de olor**
> **30 g de manteca**
> **2 cucharadas de aceite**
> **1 cebolla pequeña**
> **250 g de hongos frescos
>   a elección**
> **1,2 litro de agua**
> **1 cucharada de sal
>   gruesa**
> **500 g de harina de maíz
>   común (no precocida)**

Colocar en un recipiente hondo el peceto,
la zanahoria cortada en rodajas, el apio picado,
el vino tinto y el clavo de olor. Dejar marinar en
la heladera durante 12 horas. Retirar la carne
y colar las verduras, recuperando el líquido;
reservar todo.
Calentar la manteca y el aceite en una cacerola;
rehogar la cebolla picada. Incorporar la carne y
sellarla de todos lados. Agregar las verduras y el
líquido de la marinada que se habían reservado.
A mitad de cocción, retirar las verduras y
licuarlas. Colocarlas de nuevo en la cacerola,
añadir los hongos y completar la cocción. Cortar
la carne en rodajas.
Hervir el agua con la sal en una olla, añadir
la harina de maíz y cocinar la polenta como se
explica en la página 85. Servir con el peceto
y su salsa.

 La polenta in mezzo alla tavola fa allegria.
La polenta en medio de la mesa da alegría.

Polenta con harina
de trigo sarraceno
Polenta taragna

6 PORCIONES

Colocar el agua en una olla, añadir la sal y llevar a hervor. Echar en forma de lluvia la harina de maíz y la de trigo sarraceno, mientras se mezcla constantemente con cuchara de madera. Continuar mezclando hasta que retome el hervor. Si la polenta se endureciera demasiado, agregar 1 taza de agua hirviente.
Cocinar durante 30 minutos, revolviendo con frecuencia.
Añadir la manteca cortada en trocitos y continuar la cocción por 10 minutos más.
Incorporar el queso fontina cortado en cubos pequeños, mezclando para que se funda y se integre.
Verter la polenta sobre una fuente y servir de inmediato en los platos, con ayuda de una cuchara grande.
Si se desea, acompañar con chorizos de cerdo hervidos.

INGREDIENTES

> 1,2 litro de agua
> 1 cucharada de sal gruesa
> 250 g de harina de maíz común (no precocida)
> 250 g de harina de trigo sarraceno
> 200 g de manteca
> 300 g de queso fontina
> chorizos para acompañar (optativo)

 Plato campesino típico de la región de Valtellina.

Polenta con hongos
y gorgonzola
Polenta con funghi e gorgonzola

⌖

INGREDIENTES · 6 PORCIONES

> **750 cc de agua**
> **250 cc de leche**
> **1 cucharada de sal gruesa**
> **500 g de harina de maíz común (no precocida)**

Salsa
> **aromas de cocina (apio, zanahoria, cebolla)**
> **aceite de oliva**
> **300 g de champiñones**
> **200 cc de crema de leche**
> **200 g de gorgonzola u otro queso azul**
> **sal, pimienta**
> **1 manojo de perejil**

Colocar el agua y la leche en una olla, añadir la sal y llevar a hervor. Echar en forma de lluvia la harina de maíz, mientras se mezcla constantemente con cuchara de madera. Continuar mezclando hasta que retome el hervor. Cocinar durante 45 minutos, revolviendo con frecuencia.

Salsa
Cortar en cubos pequeños los aromas de cocina. Sofreírlos en una cacerola con unas cucharadas de aceite de oliva. Agregar los champiñones fileteados y saltearlos. Incorporar la crema de leche y el queso azul cortado en trocitos. Cocinar a fuego bajo hasta que el queso se funda. Salpimentar a gusto. Acomodar la polenta, por cucharadas, en un plato grande de madera. Cubrirla con la salsa, esparcir por encima el perejil picado y servir.

Segundo plato
Carnes, pollo, pescados y verduras

Secondi piatti
Carne, pollo, pesce
e verdure

Carne o pescado traen
buena salud.

Carne o pesce portano
buona salute.

Lomo a la Wellington
Filetto alla Wellington

❦

INGREDIENTES

8 PORCIONES

> 1 kilo de lomo
> 120 g de panceta
salada, en lonjas finas
> 2 o 3 hojas de laurel
> manteca para la placa
> 750 g de masa
de hojaldre
> 120 g de jamón crudo
> 100 g de paté de foie
> sal, pimienta
> 1 yema para pincelar
> hojas verdes para
acompañar

Envolver el lomo con las lonjas de panceta, intercalando las hojas de laurel. Colocarlo en una placa enmantecada. Hornear a 220°C durante 15 minutos. Retirar, dejar entibiar y quitar la panceta y el laurel.

Estirar la masa de hojaldre formando un rectángulo de tamaño adecuado para envolver el lomo. Cubrir con las lonjas de jamón y untar con el paté.

Salpimentar el lomo, ubicarlo en el centro de la masa y envolverlo con ésta. Apoyarlo sobre una placa, dejando hacia abajo la unión de la masa. Decorar la superficie con recortes de masa y pincelar con la yema ligeramente batida. Hacer una perforación cerca de cada extremo e insertar allí chimeneas de papel de aluminio.

Hornear a 180°C hasta que la masa esté dorada. Servir caliente o tibio, con hojas verdes.

El 17 de junio de 1815, los ingleses duques de Richmond ofrecieron en su casa de Bruselas una cena en honor a Wellington, quien al día siguiente vencería a Napoleón en Waterloo. El lomo envuelto en masa de hojaldre que sirvieron como plato principal se convirtió en el favorito de Wellington. Más tarde, cocineros italianos que trabajaban para él llevaron este manjar a mi país, donde hoy es un clásico.

Lomo relleno con jamón
Filetto ripieno al prosciutto

⁙⁙⁙⁙⁙⁙⁙⁙⁙⁙⁙⁙⁙⁙⁙⁙⁙⁙⁙⁙⁙ ✑✖ ⁙⁙⁙⁙⁙⁙⁙⁙⁙⁙⁙⁙⁙⁙⁙⁙⁙⁙⁙⁙⁙

6 PORCIONES

INGREDIENTES

Abrir el lomo como si fuera un matambre. Apoyar encima las lonjas de jamón crudo y cocido, los tomates y las escamas de parmesano. Sazonar con pimienta.
Enrollar, colocar encima algunas ramitas de romero, atar con hilo y salpimentar.
Calentar el aceite y la manteca en una sartén; sellar el lomo de todos lados. Verter el marsala y dejar que se evapore.
Pasar el lomo a una placa y terminar la cocción en el horno precalentado, a temperatura moderada, durante 20 minutos aproximadamente.

Salsa
Filetear los hongos. Ponerlos en una sartén caliente con la manteca, el ajo y el vino. Cocinar 10 minutos.
Salpimentar, agregar la crema y el perejil picado y cocinar 5 minutos más.
Servir el lomo cortado en rodajas, con la salsa de hongos.

> **1,2 kilo de lomo**
> **200 g de jamón crudo**
> **100 g de jamón cocido**
> **tomates secos en aceite**
> **escamas de queso parmesano**
> **sal, pimienta, romero**
> **1 cucharada de aceite de oliva**
> **2 o 3 cucharadas de manteca**
> **1/2 vaso de vino marsala**

Salsa
> **300 g de hongos frescos a elección**
> **2 cucharadas de manteca**
> **1 diente de ajo**
> **1/2 vaso de vino blanco**
> **150 cc de crema de leche**
> **1 manojo de perejil**

Tournedos a la Rossini
con papas a la crema
Tournedos a la Rossini con patate alla crema

························· ∽◯∾ ·························

INGREDIENTES — 6 PORCIONES

> 1,2 kilo de lomo
> pimienta de cuatro colores en grano
> 1 cucharadita de aceite
> 1 cucharada de manteca
> 1/2 vaso de vino blanco seco
> 1/2 vaso de marsala
> 4 cucharadas de crema de leche
> sal a gusto

Papas a la crema
> 6 papas
> 200 cc de leche
> 400 cc de crema de leche

Crocante de puerros
> 500 g de puerros
> aceite para freír
> pan de campo para servir

Envolver el lomo en film, ajustando bien. Cortar tournedos de 6 a 7 cm de espesor. Rebozarlos de ambos lados con la pimienta ligeramente aplastada.

Calentar en una sartén el aceite y la manteca; sellar los tournedos. Retirarlos, quitarles el film y ponerlos de nuevo en la sartén. Agregar el vino blanco, el marsala, la crema y sal. Cocinar brevemente. Terminar la cocción en el horno a 200°C de 7 a 8 minutos.

Papas a la crema
Cortar las papas en rodajas de grosor mediano. Ponerlas en una cacerola con la leche y la crema. Cocinar a fuego lento aproximadamente 40 minutos. Salar a gusto.

Crocante de puerros
Cortar la parte verde de los puerros en trozos de 5 cm y luego a lo largo en finísima juliana. Freír en aceite caliente durante 30 segundos. Retirar y salar.

Cortar el pan en rodajas del tamaño de los tournedos y tostar.

Servir los tournedos sobre las tostadas y esparcir por encima el crocante de puerros. Acompañar con las papas a la crema.

 Creación del célebre compositor de ópera Rossini, quien era un gran amante de la cocina.

Saltimbocca a la romana
Saltimbocca alla romana

ⲟⲭⲟ

6 PORCIONES

Cortar el lomo en bifes delgados. Golpearlos suavemente con la maza especial, para reducir aun más su espesor.
Sazonar los bifecitos con sal y pimienta. Empolvarlos apenas con la harina. Sobre cada uno colocar una lonja de jamón crudo y una hoja de salvia. Sujetar con palillos, sin enrollar.
Fundir la manteca en una sartén. Incorporar los saltimbocca y saltearlos brevemente, por tandas.
Colocar todos nuevamente en la sartén. Verter el vino y el caldo. Cocinar hasta que la carne esté a punto y el líquido se reduzca.
Servir en el momento, con puré de papas o vegetales a elección.

INGREDIENTES

> **750 g de lomo**
> **sal, pimienta**
> **1 cucharada de harina**
> **150 g de jamón crudo**
> **salvia fresca**
> **2 cucharadas**
> **de manteca**
> **1/2 vaso de vino blanco**
> **1/2 vaso de caldo**
> **de verduras**
> **puré de papas o**
> **vegetales a elección**
> **para acompañar**

 Plato típico romano. Cuenta la historia que se llama saltimbocca porque es tan simple y exquisito que con sólo mirarlo salta a la boca.

Peceto al vino tinto

Brasato al vino rosso

INGREDIENTES

6 PORCIONES

> 1,2 kilo de peceto
> 1 zanahoria grande
> 1 tallo de apio grande
> hierbas aromáticas
>   (perejil, laurel, tomillo)
> sal, pimienta
> 1 botella de vino tinto
>   de buena calidad
> 50 g de manteca
> 1 cucharada de aceite
>   de oliva
> 1 copita de coñac
> polenta para acompañar

Colocar en una fuente honda el peceto, la zanahoria y el apio cortados en rodajas finas, las hierbas en un atado, poca sal y abundante pimienta recién molida. Verter por encima el vino. Tapar con papel de aluminio y dejar marinar en la heladera durante varias horas, dando vuelta la carne con frecuencia, para que absorba los aromas.

Escurrir el peceto y secarlo con papel de cocina. Reservar la marinada.

Calentar la manteca y el aceite de oliva en una cacerola, preferentemente de mango largo. Ubicar dentro la carne y sellarla hasta que se dore de todos lados. Rociar con el coñac y flamear; dejar que se apague solo.

Agregar la marinada que se había reservado. Cocinar durante 3 horas a fuego suave. Cuando falte poco para que se cumpla el tiempo, retirar la carne, descartar el atado de hierbas y pasar el fondo de cocción por el mixer. Disponer de nuevo en la cacerola la carne y la salsa. Terminar la cocción.

Cortar el peceto en rodajas y servirlo con su salsa. Acompañar con polenta.

Vitel thonné

Vitello tonnato

〰〰〰〰〰〰〰〰〰〰 ℰℋℐ 〰〰〰〰〰〰〰〰〰〰

8 PORCIONES

Lavar el peceto con agua fría, secarlo con papel de cocina y colocarlo en una fuente honda. Agregar las zanahorias, el apio y la cebolla, todo cortado en rodajas. Incorporar el laurel y los clavos de olor. Bañar con el vino y dejar marinar hasta el día siguiente. Escurrir la carne, envolverla en un lienzo fino y atarla para que conserve buena forma. Ponerla en una cacerola grande, cubrir con la marinada y salpimentar. Llevar a hervor. Bajar el fuego, tapar y cocinar lentamente durante 1 hora. Retirar y dejar enfriar en la cacerola. Unir la yema con el jugo de limón. Añadir el aceite de a poco, mientras se bate, para obtener una salsa cremosa. Agregar el atún escurrido y pasado por tamiz. Aligerar con el vinagre y la cantidad de líquido de cocción de la carne que haga falta para lograr una consistencia semilíquida. Salpimentar y mezclar con las alcaparras picadas. Desenvolver el peceto, secarlo ligeramente y cortarlo en rodajas. Acomodarlas en una fuente algo honda. Salsear y llevar a la heladera de 5 a 6 horas. Decorar con hojas de perejil y rodajas de limón antes de servir.

INGREDIENTES

> 750 g de peceto
  de ternera
> 2 zanahorias
> 2 tallos de apio
> 1 cebolla
> 2 hojas de laurel
> 2 clavos de olor
> 1 botella de vino blanco
  seco
> sal, pimienta
> 1 yema
> 2 cucharaditas de jugo
  de limón
> 6 cucharadas de aceite
  de oliva
> 150 g de atún en aceite
> 1 cucharada de vinagre
> 2 cucharadas
  de alcaparras
> perejil y limón para
  decorar

Bifes a la valdostana
Costolette alla valdostana

⚬⚭

INGREDIENTES

6 PORCIONES

> **6 bifes angostos, con hueso**
> **6 tajadas de queso fontina**
> **2 huevos**
> **50 g de queso rallado**
> **hierbas aromáticas a elección**
> **sal, pimienta**
> **100 g de pan rallado**
> **100 g de manteca**
> **2 cucharadas de aceite**
> **verduras surtidas para acompañar**

Practicar en cada bife un corte en sentido horizontal, sin llegar al fondo ni a los extremos, para formar un bolsillo. Rellenar colocando una tajada de queso en cada corte y presionar con fuerza para cerrar.
Batir ligeramente los huevos en un plato hondo. Unir con el queso rallado, las hierbas aromáticas picadas, sal y pimienta a gusto.
Pasar los bifes por la mezcla de huevos y luego rebozarlos con el pan rallado.
Calentar en una sartén la manteca y el aceite. Incorporar los bifes en dos o tres tandas y freírlos a fuego suave durante 10 minutos, hasta que la carne esté a punto y el rebozo se dore de ambos lados.
A medida que los bifes estén listos, escurrirlos sobre papel absorbente.
Servir bien calientes, con verduras surtidas cocidas al vapor o grilladas.

Niños envueltos
a la pizzaiola
Fagottini di manzo alla pizzaiola

············· ❦ ·············

6 PORCIONES

Cortar los bocconcini en mitades. Partir por el medio 12 tomates, retirar las semillas y escurrir boca abajo sobre papel absorbente. Rellenar con los bocconcini.
Salpimentar a gusto los escalopes. Colocar sobre cada uno, en un extremo, medio tomate relleno. Enrollar y sujetar con un palillo en cada punta. Calentar el aceite de oliva en una sartén, junto con el diente de ajo en camisa. Incorporar los niños envueltos y dorarlos a fuego fuerte hasta sellarlos. Verter el caldo y cocinar 5 minutos. Agregar los tomates restantes, enteros, y cocinar unos minutos. Condimentar con sal, pimienta y abundante orégano fresco.
Servir bien calientes los niños envueltos y los tomates. Acompañar con un sarteneado de pimientos en juliana y zucchini en bastones.

INGREDIENTES

> **12 bocconcini de mozzarella pequeños**
> **250 g de tomates cherry grandes**
> **sal, pimienta**
> **600 g de escalopes de ternera**
> **aceite de oliva**
> **1 diente de ajo**
> **1 vaso de caldo de verduras**
> **orégano fresco**
> **pimientos y zucchini para acompañar**

Escalopes de ternera
a la mozzarella
Piccata di vitello alla mozzarella

∞

INGREDIENTES

4 PORCIONES

> 2 dientes de ajo
> 1 lata de tomates
> 400 g de mozzarella
> 3 cucharadas de aceite
  de oliva
> 50 g de manteca
> 600 g de escalopes
  de ternera
> sal, pimienta
> 1 cucharada de perejil
  picado
> 1 cucharada de albahaca
  picada
> 150 g de jamón crudo
> hojas verdes para
  acompañar

Picar los dientes de ajo y los tomates. Cortar la mozzarella en tajadas.

Calentar el aceite y la manteca en una sartén grande. Añadir los escalopes por tandas, junto con el ajo, y dorarlos de ambos lados.

Colocar de nuevo todos los escalopes en la sartén. Agregar los tomates. Condimentar a gusto con sal y pimienta. Cocinar durante 20 minutos. Espolvorear con el perejil y la albahaca picados. Colocar sobre cada escalope una lonja de jamón y una tajada de mozzarella. Cocinar durante 5 minutos, hasta que la mozzarella se funda. Servir enseguida. Acompañar con hojas verdes.

Bocaditos de ternera

al curry

Bocconcini di vitello al curry

·· ℰℋℬ ···

INGREDIENTES

Cortar la carne en dados de 2 cm. Empolvar con la harina.
Picar la cebolla bien fina. Dorarla ligeramente en una sartén con el aceite de oliva. Agregar la carne y dorarla. Verter el vino y dejar que se evapore. Incorporar el caldo o el agua; dejar que se consuma el líquido.
Espolvorear con el curry, esparcir la menta cortada con tijera y salpimentar a gusto. Cocinar durante 15 minutos. Añadir la mitad de la crema y dejar reducir.
Cortar los zucchini en juliana fina. Blanquearlos en agua hirviente por 3 minutos, pasarlos por agua helada, escurrirlos y secarlos. Sartenearlos con la manteca y el aceite adicional. Agregar la crema restante, esparcir menta o albahaca cortadas con tijera y dejar reducir por unos minutos.
Servir la carne con los zucchini. Si se desea, acompañar con timbales de arroz amarillo.

> **1,5 kilo de bola de lomo**
> **2 cucharadas de harina**
> **1 cebolla chica**
> **8 cucharadas de aceite de oliva**
> **1 vaso de vino blanco**
> **2 o 3 cucharadas de caldo o agua**
> **1 y 1/2 cucharada de curry**
> **4 o 5 hojas de menta**
> **sal, pimienta**
> **100 cc de crema de leche**
> **4 zucchini**
> **2 cucharadas de manteca**
> **1 cucharada adicional de aceite de oliva**
> **menta adicional o albahaca**
> **arroz amarillo para acompañar (optativo)**

El tradicional pan de carne

Il tradizionale polpettone

❦

INGREDIENTES

8 PORCIONES

> 600 g de carne vacuna
  magra picada fina
> 200 g de carne de cerdo
  picada fina
> 150 g de mortadela
  con pistachos
> 100 g de jamón crudo
> 100 g de pan remojado
  en leche
> 2 huevos
> 80 g de queso
  parmesano rallado
> 1 cucharada de ajo
  y perejil picados
> sal, pimienta, nuez
  moscada
> pan rallado para rebozar
> 1 cucharada de manteca
> 2 cucharadas de aceite
  de oliva
> 1 tallo de apio
> 1 zanahoria pequeña
> 1 cebolla pequeña
> 100 g de panceta salada
> 1/2 vaso de vino blanco
> 250 g de tomates en lata
> 1/2 taza de caldo
  de carne
> 2 hojas de laurel
> 4 papas

Combinar las carnes con los fiambres picados finos. Añadir el pan remojado y exprimido, los huevos, el queso y los condimentos; mezclar con las manos. Con ayuda de un trozo de film, formar un cilindro. Rebozarlo con pan rallado. Calentar la manteca y el aceite en cazuela de barro ovalada, o en una cacerola grande. Sofreír los vegetales picados y la panceta cortada en bastones finos. Incorporar el pan de carne y dorarlo. Verter el vino y dejar que se evapore. Agregar los tomates picados, el caldo y el laurel. Cocinar durante 1 hora. Añadir las papas cortadas en trozos grandes y continuar la cocción hasta que estén tiernas.
Servir el pan de carne cortado en tajadas gruesas, con su salsa y las papas.

 Clásico de la Emilia-Romaña.

Costillas de ciervo
a la mostaza
Braciole di cervo alla senape

6 PORCIONES

Envolver cada costilla de ciervo con una lonja de panceta. Atar con hilo y reservar. Calentar el aceite y 50 g de manteca en una sartén grande. Añadir los echalotes cortados en octavos y dorarlos. Incorporar las costillas. Condimentar con algunas hojas de salvia cortadas, sal a gusto y pimienta ligeramente aplastada. Dorar de ambos lados. Verter el coñac, flamear y apagar con el agua. Continuar la cocción 2 minutos más. Retirar las costillas.
Agregar al fondo de cocción la mostaza y el resto de la manteca. Mezclar hasta que la salsa espese.
Quitar los hilos de las costillas. Presentarlas bañadas con la salsa. Acompañar con hojas verdes.

INGREDIENTES

> **12 costillas de ciervo**
> **12 lonjas de panceta ahumada**
> **1 cucharada de aceite de oliva**
> **80 g de manteca**
> **120 g de echalotes**
> **salvia fresca**
> **sal, pimienta negra en grano**
> **1/2 vaso de coñac**
> **1/2 vaso de agua**
> **1 cucharada de mostaza de Dijon**
> **hojas verdes para acompañar**

Solomillo de cerdo
con salsa de frutas
Filetti di maiale con salsa di frutta

ⷔⷨ

INGREDIENTES　　6 PORCIONES

> **2 solomillos de cerdo de 400 g cada uno**
> **manteca**
> **aceite de oliva**
> **sal, pimienta de Jamaica, pimienta negra en grano**
> **1/2 vaso de coñac**

Salsa
> **1 mango**
> **2 peras**
> **2 cucharadas de manteca**
> **ralladura de 1 limón**
> **jugo de 1/2 naranja**
> **cerezas y frambuesas**

Frotar los solomillos con manteca, aceite y las dos pimientas machacadas. Sellarlos de todos lados en una sartén, a fuego vivo. Flamear con el coñac.

Pasar los solomillos a una fuente térmica, salar a gusto y terminar la cocción en el horno, a temperatura moderada, durante 10 minutos o hasta que estén a punto.

Salsa
Cortar el mango y las peras como se prefiera. Fundir la manteca en una sartén y colocar en ella las frutas cortadas, la ralladura de limón, el jugo de naranja y las frutas rojas. Cocinar durante 20 minutos. Salar ligeramente. Retirar y dejar enfriar.

Servir los solomillos cortados en tajadas, con la salsa de frutas.

Solomillo de cerdo
con uvas y nueces
Filetti di maiale con uva e noci

❦

8 PORCIONES

Realizar en cada solomillo un corte en sentido horizontal, sin atravesar del todo la carne ni llegar a los extremos, para formar un bolsillo. Picar los dientes de ajo junto con la panceta y el tomillo. Sazonar con pimienta a gusto. Colocar una parte de la mezcla en el bolsillo de cada pieza de carne.

Calentar la manteca y el aceite en una sartén. Agregar las nueces y un poco de tomillo; dorar ligeramente. Incorporar los solomillos y sellarlos de todos lados. Verter el marsala y dejar que se evapore. Incorporar las uvas.

Pasar la preparación a una fuente térmica. Salar y terminar la cocción en el horno a 200°C durante 20 minutos.

Cortar los solomillos en tajadas y servirlos con la salsa de uvas. Acompañar con hojas verdes.

INGREDIENTES

> **3 solomillos de cerdo de 350 g cada uno**
> **2 dientes de ajo**
> **150 g de panceta ahumada**
> **tomillo fresco**
> **sal, pimienta**
> **2 cucharadas de manteca**
> **1 cucharada de aceite de oliva**
> **100 g de nueces**
> **1 y 1/2 vaso de marsala**
> **500 g de uvas blancas y negras**
> **hojas verdes para acompañar**

Carré de cerdo
agridulce
Carré di maiale in agrodolce

･･･ ∾෬ ･･

INGREDIENTES   8 PORCIONES

> **600 cc de vino blanco**
> **600 cc de vinagre de
> vino tinto**
> **500 cc de agua**
> **1 cebolla**
> **1 tallo de apio**
> **3 naranjas**
> **1 cucharadita de
> semillas de coriandro**
> **2 clavos de olor**
> **1,8 kilo de carré de
> cerdo con hueso**
> **sal, pimienta**
> **200 g de panceta
> ahumada**
> **aceite de oliva**
> **60 g de manteca**
> **80 g de azúcar rubia**
> **10 ciruelas secas sin
> carozo**

Poner en una cacerolita el vino, el vinagre y el agua, junto con la cebolla y el apio cortados en trocitos, la corteza de 1 naranja, el coriandro y los clavos de olor. Hervir 10 minutos. Dejar entibiar.

Ubicar el carré en un recipiente hondo, bañar con la mezcla de vino aromatizado y dejar marinar durante 3 o 4 horas.

Escurrir y secar el carré. Reservar el líquido de la marinada.

Salpimentar el carré, envolverlo con las lonjas de panceta y atarlo con hilo. Acomodarlo en una asadera y rociar con aceite de oliva. Hornear a 180°C aproximadamente 1 y 1/2 hora, rociando cada tanto con el líquido reservado. Retirar el carré y mantenerlo al calor.

Colar el fondo de cocción de la asadera y pasarlo a una sartén. Añadir la manteca y el azúcar rubia. Llevar al fuego y acaramelar ligeramente. Agregar las naranjas fileteadas y las ciruelas trozadas. Cocinar por 10 minutos.

Servir el carré con la salsa.

Carré de cerdo
en hojaldre con hongos y nueces
Carré di maiale in crosta con funghi e noci

⚬⚬

6 PORCIONES

Calentar 3 cucharadas de aceite de oliva en una sartén. Incorporar el carré y dorarlo de todos lados. Salpimentar a gusto, retirar y dejar enfriar sobre una rejilla.
Estirar la masa de hojaldre en forma de rectángulo. Esparcir por encima ciboulette picada gruesa. Apoyar en el centro el carré frío, envolver con la masa y cerrar. Pincelar con huevo y colocar algunas nueces en la superficie. Acomodar en una placa y hornear a 200°C aproximadamente 30 minutos. A mitad de cocción tapar con papel de aluminio, para que el hojaldre no se queme; quitar el papel durante los últimos 10 minutos, para dorar. Retirar del horno y dejar descansar por 5 minutos.
Calentar un poco de aceite en una sartén. Sofreír los echalotes picados. Agregar los hongos fileteados y los tomates enteros. Cocinar aproximadamente 15 minutos; si fuera necesario, mojar con el caldo. Incorporar el ajo ensartado en un palillo, el perejil y las nueces restantes. Remover y apagar el fuego. Descartar el ajo.
Cortar el carré en rodajas y servirlo con la preparación de hongos.

INGREDIENTES

> aceite de oliva
> 1,25 kilo de carré de cerdo
> sal, pimienta
> 400 g de masa de hojaldre
> ciboulette
> 1 huevo para pincelar
> 100 g de nueces
> 2 echalotes
> 400 g de hongos frescos (champiñones y portobellos)
> 250 g de tomates cherry
> 1/2 vaso de caldo de verduras
> 1 diente de ajo
> 1 cucharada de perejil picado

Costillas de cerdo
con manzanas
Braciole di maiale alle mele

INGREDIENTES

6 PORCIONES

> 1 cucharada de aceite
de oliva
> 6 costillas de cerdo
> 1 cebolla
> 1 vaso de caldo de
verduras
> 1/2 vaso de vino blanco
seco
> sal, pimienta
> 1 cucharada de harina
> 1 cucharada de manteca
> 6 rodajas gruesas de
manzana verde
> 1 cucharadita de
pimienta rosa en grano

Calentar el aceite en una sartén antiadherente. Ubicar en ella las costillas de cerdo y dorarlas de ambos lados. Retirarlas y descartar la materia grasa que haya quedado.

Disponer en la sartén la cebolla cortada en rodajas, junto con unas cucharadas de caldo. Agregar las costillas, verter el vino, salpimentar a gusto y espolvorear con la harina. Si fuera necesario, agregar más caldo para que la preparación no se seque. Cocinar durante 10 minutos.

Fundir la manteca en otra sartén. Incorporar las rodajas de manzana, junto con la pimienta rosa. Dorar de ambos lados.

Distribuir las costillas en los platos y colocar una rodaja de manzana sobre cada una. Servir en el momento.

Costillas de cordero
con hongos
Costine d'agnello con funghi

ᘓᘓ

6 PORCIONES

Empolvar las costillas de cordero con harina y aplastarlas un poco.
Batir los huevos con sal y pimienta a gusto.
Procesar el pan junto con las hierbas aromáticas y los champiñones.
Pasar las costillas primero por el batido de huevos y luego por la mezcla de pan, presionando para que se adhiera.
Calentar el aceite y la mitad de la manteca en una sartén. Freír las costillas hasta que estén bien doradas de ambos lados.
Filetear los hongos. Sartenearlos con la manteca restante, el ajo y el perejil. Agregar el vino blanco y la crema; dejar reducir.
Servir las costillas con la preparación de hongos y verduras surtidas cocidas al vapor o grilladas.

INGREDIENTES

> **12 costillas de cordero**
> **harina para empolvar**
> **2 huevos**
> **sal, pimienta**
> **4 rebanadas de pan lácteo**
> **hierbas aromáticas (tomillo, romero, mejorana)**
> **4 champiñones**
> **1 cucharada de aceite de oliva**
> **2 cucharadas de manteca**
> **hongos frescos surtidos (champiñones, girgolas, shitake)**
> **1 cucharada de ajo y perejil picados**
> **1/2 vaso de vino blanco**
> **1/2 vaso de crema de leche**
> **verduras surtidas para acompañar**

Costillas de cordero
con salsa de menta
Costine d'agnello con salsa di menta

⚭

INGREDIENTES

6 PORCIONES

> 1,2 kilo de costillas de cordero
> 1 vaso de aceite de oliva
> sal, pimienta en grano
> 2 dientes de ajo
> ralladura y jugo de 1 limón
> 1 manojo de menta

Mermelada de cebollas rojas
> 1,25 kilo de cebollas rojas
> 750 cc de vino tinto de buena calidad
> 500 g de azúcar morena
> sal gruesa, pimienta roja
> 1 hoja de laurel
> 30 cc de aceto balsámico

Limpiar las costillas, dejando los huesos libres de grasa y piel. Acomodarlas en una fuente honda.

Combinar en un tazón 1/2 vaso de aceite de oliva, unos granos de pimienta, el ajo fileteado y la mitad de la ralladura de limón. Verter sobre las costillas. Tapar con film y dejar marinar en la heladera durante 1 hora.

Escurrir las costillas; envolver los huesos con papel de aluminio. Marcarlas sobre una plancha por 2 minutos de cada lado. Apoyarlas en una placa y hornear a 200°C durante 8 minutos.

Unir el resto del aceite con el jugo de limón, la ralladura restante, la menta picada fina y sal a gusto. Emulsionar con el mixer entre 2 y 3 minutos, para obtener la salsa.

Mermelada de cebollas rojas
Cortar las cebollas en rodajas finas. Colocarlas en una cacerola junto con el vino, el azúcar morena, sal gruesa, pimienta roja y el laurel. Llevar al fuego y cocinar 30 minutos. Agregar el aceto y cocinar a fuego medio, mezclando cada tanto, hasta lograr la consistencia de una mermelada.

Servir las costillas sin el papel de aluminio, rociadas con la salsa de menta. Acompañar con la mermelada de cebollas.

Guiso de cordero

Spezzatino d'agnello

---

6 PORCIONES

Cortar la carne de cordero en trozos pequeños.
Picar las cebollas, los dientes de ajo, el apio, el
perejil, el tomillo y el romero.
Calentar el aceite en una cacerola. Colocar
dentro la carne y rehogarla.
Añadir las verduras y las hierbas. Dorar todo
junto durante 5 minutos.
Verter el vino y dejar que se evapore. Sazonar
con sal y pimienta a gusto.
Incorporar los tomates y cocinar durante 1 hora,
hasta que la salsa espese.
Agregar los porotos escurridos y cocinar por
15 minutos más.
Servir el guiso bien caliente. Acompañar con
arroz blanco.

INGREDIENTES

> **1 kilo de carne de**
  cordero
> **2 cebollas**
> **3 dientes de ajo**
> **1 tallo de apio**
> **1 manojo de perejil**
> **1 ramita de tomillo**
> **1 ramita de romero**
> **3 cucharadas de aceite**
  de oliva
> **1/2 taza de vino blanco**
  seco
> **sal, pimienta negra**
> **1 lata de tomates**
> **1 lata de porotos**
> **arroz blanco para**
  acompañar

Conejo al vino blanco
con alcauciles
Coniglio al vino bianco con carciofini

INGREDIENTES   6 PORCIONES

> **6 alcauciles**
> **jugo de limón**
> **1 conejo**
> **1 cucharada de harina**
> **1 cucharada de manteca**
> **1 cucharada de aceite**
> **1/2 vaso de vino blanco**
> **1 diente de ajo**
> **1/2 cubo de caldo**
> **perejil, salvia**
> **sal, pimienta**
> **2 cucharadas de alcaparras**

Limpiar los alcauciles descartando las partes duras y las espinillas del centro. Cortarlos en cuartos. Sumergirlos en agua con limón, para evitar que se oscurezcan.

Cortar el conejo en presas pequeñas. Empolvarlas con la harina. Sellarlas en una sartén con la manteca y el aceite. Incorporar el vino, el diente de ajo ensartado en un palillo y el cubo de caldo.

Escurrir los alcauciles, secarlos con papel de cocina y agregarlos a la preparación.

Condimentar a gusto con perejil picado, algunas hojas de salvia, sal y pimienta. Cocinar durante 2 horas.

Unos minutos antes de terminar la cocción, incorporar las alcaparras y retirar el ajo. Servir bien caliente.

Conejo relleno
con salvia y hongos
Coniglio ripieno con salvia e funghi

⚬✗⚬

8 PORCIONES

Extender sobre la mesada el conejo deshuesado.
Salpimentar a gusto.
Filetear los hongos y reservar la mitad. Colocar el
resto en un bol; unir con el parmesano rallado,
los huevos, los piñones y un par de hojas de
salvia picadas.
Distribuir la mezcla sobre el conejo, con ayuda
de una espátula. Enrollar, coser con hilo y aguja
como un matambre, y atar.
Sellar el conejo relleno en una sartén con
2 cucharadas de aceite de oliva, 2 dientes de ajo
aplastados y abundante salvia. Verter el vino y
dejar que se evapore. Llevar al horno y cocinar
aproximadamente 1 hora.
Calentar en una sartén 2 cucharadas de aceite
de oliva y el diente de ajo restante. Agregar los
hongos reservados y cocinar de 5 a 10 minutos.
Espolvorear con el perejil.
Retirar el conejo del horno, dejar reposar
5 minutos y quitar los hilos. Cortar en tajadas.
Servir bañado con el jugo de la cocción.
Acompañar con los hongos.

INGREDIENTES

> 1 conejo deshuesado
> sal, pimienta
> 500 g de hongos frescos
  (champiñones,
  portobellos u otros)
> 150 g de queso
  parmesano
> 3 huevos chicos
> 30 g de piñones
> 1 manojo de salvia
> aceite de oliva
> 3 dientes de ajo
> 1 vaso de vino blanco
> 1 cucharada de perejil
  picado

Galantina de pollo
a las hierbas
Galantina di pollo alle erbe

∞

INGREDIENTES

6 PORCIONES

> 1 pollo deshuesado de 1,2 kilo
> sal, pimienta
> 300 g de pechuga de pollo cocida al horno, sin piel
> 2 rebanadas de pan lácteo remojado en leche
> 3 huevos
> 50 g de queso parmesano
> hierbas aromáticas (perejil, tomillo, salvia, romero)
> 1 pimiento rojo cocido al horno, sin piel
> 1/2 vaso de caldo de verduras
> aceite de oliva
> verduras a elección para acompañar

Extender el pollo sobre la mesada. Salpimentar a gusto.

Procesar la pechuga junto con el pan remojado y exprimido, los huevos, el queso rallado, las hierbas, sal y pimienta, hasta lograr la consistencia de un puré.

Esparcir sobre el pollo la mezcla procesada. Colocar encima el pimiento cortado en tiras.

Enrollar y coser con hilo y aguja, como un matambre.

Acomodar el arrollado en una asadera, con un atado de hierbas aromáticas y el caldo.

Salpimentar y rociar ligeramente con aceite de oliva. Cocinar en el horno precalentado a 180°C hasta que esté a punto.

Quitar los hilos y cortar la galantina en rodajas. Servir con verduras a elección.

 Clásico de la Liguria.

Arrollado de pollo
con salsa de rúcula
Rotolo di pollo con salsa di rúcola

〰️

8 PORCIONES

Extender el pollo sobre la mesada y aplastarlo un poco.
Cortar en daditos una de las pechugas de pollo; reservarla. Procesar la otra pechuga junto con la crema, el huevo, sal, pimienta, el ajo y el perejil hasta obtener una pasta. Unir con la pechuga reservada.
Colocar el pollo sobre un trozo de film, untar con el relleno y salpimentar. Envolver en el film a medida que se enrolla. Atar con hilo.
Disponer el arrollado en una asadera untada con aceite de oliva. Hornear a 200°C durante 1 hora. Dejar enfriar. Retirar el hilo y el papel. Cortar el arrollado en rodajas algo gruesas.

Salsa
Pasar por el mixer la rúcula, las alcaparras, el aceite de oliva, sal y pimienta hasta lograr una textura homogénea.
Rociar el arrollado con la salsa. Acompañar con hojas verdes u hortalizas sarteneadas.

INGREDIENTES

> 1 pollo deshuesado de 1,2 kilo
> 2 pechugas de pollo
> 150 cc de crema de leche
> 1 huevo
> sal, pimienta
> 1 diente de ajo
> 1 cucharadita de perejil picado
> aceite de oliva

Salsa
> 1 manojo de rúcula
> 1 cucharadita de alcaparras
> 100 cc de aceite de oliva
> hojas verdes u hortalizas para acompañar

Arrollado de pollo
con salchicha
Rotolo di pollo con salsiccia

INGREDIENTES

12 PORCIONES

> 1 pollo deshuesado de 1,2 kilo
> sal, pimienta en grano
> tomillo, mejorana
> 500 g de salchicha fresca de carnicería
> 200 g de arvejas congeladas
> aromas de cocina (cebolla, zanahoria, apio)
> 1/2 vaso de vino blanco seco
> 3 cucharadas de aceite de oliva
> verduras surtidas para acompañar
> manteca para saltear

Extender el pollo sobre la mesada y golpearlo suavemente con la maza especial, para emparejar su espesor. Condimentar a gusto con sal, pimienta, tomillo y mejorana picados. Distribuir por encima la salchicha sin piel, desmenuzada. Esparcir las arvejas previamente cocidas durante 10 minutos y escurridas. Enrollar y atar con hilo.

Acomodar el arrollado en una fuente térmica. Incorporar los aromas de cocina picados, el vino y el aceite. Hornear a 190°C durante 1 y 1/2 hora.

Retirar el arrollado, quitarle el hilo y cortarlo en rodajas.

Procesar el fondo de cocción, calentarlo y salsear el arrollado. Acompañar con verduras surtidas salteadas en manteca.

Pollo a la diabla

Pollo alla diavola

6 PORCIONES

Picar la panceta, el ajo y las hierbas. Mezclar y condimentar con sal, pimienta y la mostaza. Agregar la manteca y formar una pasta. Cortar el pollo por el medio de la pechuga y abrirlo. Frotarlo primero con el limón partido y luego con la pasta, por dentro y por fuera. Ubicar el pollo en una fuente térmica. Rociar con el vino y un hilo de aceite. Tapar con papel de aluminio. Cocinar en horno precalentado a temperatura moderada; a mitad de cocción, retirar el papel y añadir las aceitunas, algunas picadas gruesas y otras enteras.

Papas al romero
Cortar las papas en cubos grandes, blanquearlas 5 minutos en agua hirviente y escurrirlas. Ponerlas en una sartén con el aceite, la manteca, el agua, el ajo, romero a gusto, sal y pimienta. Cocinar a fuego fuerte aproximadamente 20 minutos, hasta que el líquido se evapore y las papas resulten crocantes. Servir con el pollo.

INGREDIENTES

> 100 g de panceta salada
> 2 dientes de ajo
> hierbas aromáticas (romero, orégano, salvia)
> sal, pimienta
> 1 cucharada de mostaza de Dijon
> 2 cucharadas de manteca
> 1 pollo de 1,5 kilo
> 1 limón
> 1 vaso de vino blanco
> aceite de oliva
> 200 g de aceitunas negras o verdes

Papas al romero
> 2 kilos de papas
> 1/2 taza de aceite de oliva
> 2 cucharadas de manteca
> 1 taza de agua
> 1 diente de ajo
> romero

Pollo con hongos

Pollo ai funghi

INGREDIENTES

6 PORCIONES

> **200 g de hongos de pino secos**
> **1 taza de agua tibia**
> **1 pollo de 1,5 kilo**
> **1 cebolla pequeña**
> **3 tomates**
> **25 g de manteca**
> **1 cucharada de aceite de oliva**
> **1/2 vaso de vino blanco**
> **1 cucharada de perejil picado**
> **sal, pimienta**
> **3 cucharadas de crema de leche**
> **arroz con azafrán para acompañar**

Remojar los hongos en el agua tibia durante 30 minutos.

Cortar el pollo en presas. Picar finamente la cebolla. Pelar los tomates, partirlos y descartar las semillas. Escurrir los hongos y picarlos gruesos.

Calentar la manteca y el aceite de oliva en una sartén. Incorporar el pollo, junto con la cebolla, y dorarlo de todos lados.

Verter el vino y dejar que se evapore. Agregar los tomates, los hongos y el perejil. Condimentar a gusto con sal y pimienta. Cocinar durante 20 minutos.

Incorporar la crema de leche y dejar reducir por 10 minutos más.

Servir caliente, sobre una corona de arroz con azafrán.

Pollo a la cazadora

Pollo alla cacciatora

ＱＯ

6 PORCIONES

Dividir el pollo en presas. Cortar las cebollas en tajadas finas, la zanahoria en rodajas, los pimientos en tiras y los tomates en trozos. Calentar el aceite de oliva en una sartén. Agregar las cebollas y dejar que tomen color. Incorporar el pollo y dorarlo de todos lados. Condimentar con sal y pimienta a gusto.
Verter el vino y dejar que se evapore. Añadir la zanahoria, los pimientos, los tomates, el laurel y el romero. Cocinar hasta que todo esté a punto. Rectificar la sazón.
Servir caliente. Acompañar con papas al natural.

INGREDIENTES

> **1 pollo de 1,5 kilo**
> **2 cebollas**
> **1 zanahoria**
> **1 pimiento verde**
> **1 pimiento rojo**
> **750 g de tomates maduros**
> **3 cucharadas de aceite de oliva**
> **sal, pimienta**
> **1/2 vaso de vino blanco**
> **1 hoja de laurel**
> **romero fresco**
> **papas al natural para acompañar**

Pechugas de pollo rellenas con tomates secos

Petto di pollo ripieno di pomodori secchi

··· ⊗ ···

INGREDIENTES

6 PORCIONES

> **2 pechugas de pollo de 400 g cada una**
> **sal, pimienta**
> **100 g de tomates secos en aceite**
> **200 g de queso ahumado**
> **unas ramitas de perejil**
> **aceite de oliva**
> **hojas verdes**
> **papines andinos**
> **hierbas aromáticas a elección**

Dividir las pechugas por el medio en sentido horizontal, colocarlas entre dos trozos de film y aplastarlas con la maza especial o el palote hasta dejarlas bien finas. Condimentarlas a gusto con sal y pimienta.

Pasar por el mixer los tomates secos, el queso ahumado y el perejil, hasta formar una pasta. Untar con ella las pechugas. Enrollar, atar y envolver en papel manteca.

Disponer en una fuente térmica las pechugas envueltas. Rociar con aceite de oliva y hornear a 200°C aproximadamente 30 minutos.

Quitar el papel y el hilo. Cortar las pechugas rellenas en tajadas al sesgo. Servir sobre hojas verdes y salsear con un poco del jugo de cocción.

Para acompañar, hervir durante 15 minutos papines con piel, escurrirlos y sartenearlos con aceite y hierbas aromáticas frescas.

Fricasé de pollo
con champiñones y papas noisette
Spezzatino di pollo con funghi e patatine

❦

10 PORCIONES

Calentar la manteca y un poco de aceite de oliva en una sartén. Rehogar las cebollas de verdeo picadas. Incorporar las zanahorias cortadas en cubitos y saltear unos minutos. Agregar las pechugas cortadas en cubos; cocinar hasta que cambien de color. Incorporar el vino, los champiñones, las hierbas, el curry, sal, pimienta y el cubo de caldo. Añadir la crema y seguir cocinando 10 minutos más. Freír las papas noisette en aceite bien caliente. Escurrir sobre papel absorbente. Distribuir en cazuelitas la preparación de pollo. Repartir encima las papas, espolvorear con el perejil e insertar una tostada. Servir en el momento.

INGREDIENTES

> 1 cucharada de manteca
> aceite de oliva
> 4 o 5 cebollas de verdeo
> 2 zanahorias
> 3 pechugas de pollo de 200 g cada una
> 1/2 vaso de vino blanco
> 350 g de champiñones
> hierbas aromáticas (tomillo, orégano, romero)
> 1 cucharadita de curry
> sal, pimienta
> 1/2 cubo de caldo de ave
> 250 cc de crema de leche
> 600 g de papas noisette
> aceite para freír
> 1 cucharada de perejil picado
> tostadas para servir

Albondiguitas de pollo
a la cerveza
Polpette di pollo alla birra

ꙮ

INGREDIENTES

6 PORCIONES

> **600 g de pechugas de pollo**
> **100 g de queso gruyère**
> **2 huevos**
> **3 o 4 hojas de salvia**
> **romero fresco**
> **sal, pimienta, nuez moscada**
> **harina para empolvar**
> **50 g de manteca**
> **1 cucharada de aceite de oliva**
> **1 cebolla**
> **250 cc de cerveza**
> **ciboulette**
> **verduras surtidas para acompañar**

Cortar en cubos las pechugas de pollo crudas y el queso gruyère. Colocar ambos ingredientes en la procesadora. Añadir los huevos, la salvia, el romero, sal, pimienta y nuez moscada. Procesar hasta obtener una pasta.

Tomar porciones de la mezcla, formar albondiguitas del tamaño de una nuez y pasarlas por harina.

Calentar la manteca y el aceite en una cacerola. Rehogar la cebolla cortada en rodajas finas. Incorporar las albondiguitas y dorarlas. Verter la cerveza y unas cucharadas de agua caliente. Salpimentar a gusto, tapar y cocinar durante 20 minutos.

Espolvorear con ciboulette picada y continuar la cocción por 5 minutos más.

Servir calientes, con verduras surtidas cocidas al vapor o grilladas.

Pescado relleno
con camarones
Pesce ripieno con gamberetti

⟨×⟩

6 PORCIONES

Frotar el pescado limpio con el limón partido, 1 diente de ajo picado, perejil, romero, sal y pimienta a gusto. Realizar una pasta con el pan remojado y bien exprimido, el queso rallado, el huevo, los camarones picados y el otro diente de ajo picado. Rellenar el pescado con esta mezcla. Cortar las papas en finas tajadas. Acomodarlas en una fuente térmica. Condimentar con perejil, romero, sal, pimienta y aceite. Ubicar encima el pescado. Rociar con el vino y jugo del limón. Espolvorear con romero y eneldo. Cocinar en horno moderado durante 45 minutos. Servir con verduras surtidas cocidas al vapor o grilladas.

INGREDIENTES

> **1 besugo o brótola de 1,2 kilo**
> **1 limón**
> **2 dientes de ajo**
> **hierbas aromáticas (perejil, romero, eneldo)**
> **sal, pimienta**
> **3 rebanadas de pan lácteo remojado en leche**
> **2 cucharadas de queso parmesano rallado**
> **1 huevo**
> **50 g de camarones**
> **3 papas**
> **aceite**
> **1/2 vaso de vino blanco seco**
> **verduras surtidas para acompañar**

Pescado con salsa de habas
Pesce con salsa di fave

⬯⬯⬯

INGREDIENTES   6 PORCIONES

> **1 besugo de 2 kilos**
> **1 cebolla**
> **sal, pimienta**
> **3 cucharadas de aceite de oliva**
> **1 vaso de vino blanco seco**
> **100 g de habas congeladas**
> **100 g de aceitunas negras**
> **hojas verdes para decorar**

Disponer el besugo limpio en una fuente térmica. Cortar la cebolla en rodajas finas y colocarlas en el interior del pescado. Condimentar a gusto con sal y pimienta. Rociar con el aceite de oliva.
Llevar al horno a 200°C y cocinar durante 25 minutos; a mitad de cocción, rociar con 1/2 vaso de vino blanco.
Cocinar las habas en agua hirviente durante 10 minutos. Escurrirlas, pelarlas y pasarlas por el mixer. Reservarlas.
Cuando el pescado esté listo, pasarlo a otra fuente, distribuir por encima las aceitunas negras y mantener al calor.
Verter el fondo de cocción del pescado en una sartén e incorporar el resto del vino. Añadir las habas que se habían reservado. Cocinar durante 5 minutos, para obtener la salsa.
Bañar el pescado con la salsa y decorar con hojas verdes. Servir caliente.

Pescado con papas

Pesce con patate

6 PORCIONES

Cortar las papas en tajadas. Ponerlas en una cacerola con agua que apenas las cubra, sal gruesa a gusto y el azafrán. Hervir durante 5 minutos.
Escurrir las papas y ubicarlas en una fuente térmica aceitada. Rociar con 2 cucharadas de aceite y esparcir por encima las aceitunas. Practicar en el dorso del pescado limpio tres cortes oblicuos, insertar en ellos algunas hojitas de tomillo y salpimentar. Colocar en el interior del pescado el laurel, el resto del tomillo y las rodajas de limón. Apoyarlo sobre el colchón de papas y bañar con la mitad del vino.
Hornear a 200°C durante 20 minutos. Bajar la temperatura y continuar la cocción 10 minutos más.
Pasar por el mixer el perejil, el jugo de limón, sal, pimienta, el aceite y el vino restantes, para obtener una salsa.
Servir el pescado acompañado con las papas y la salsa.

INGREDIENTES

> 500 g de papas
> sal gruesa
> 1 cucharadita de azafrán
> 5 cucharadas de aceite de oliva
> 12 aceitunas negras
> 1 corvina de 1,2 kilo
> 1 ramita de tomillo
> sal, pimienta rosa
> 1 hoja de laurel
> 2 rodajas de limón
> 1/2 vaso de vino blanco
> 1 cucharada de perejil picado
> 1 cucharada de jugo de limón

Pescado
con salsa de pimientos rojos
Pesce con salsa di peperoni rossi

❦

INGREDIENTES   6 PORCIONES

> 1 abadejo o corvina de
> 800 g
> aceite de oliva
> sal, pimienta
> 1 ramita de tomillo
> 1 diente de ajo
> 1/2 vaso de vino blanco
> seco
> 1 kilo de pimientos rojos
> 70 g de cebolla
> caldo de verduras
> papines y tomates cherry
> para acompañar

Disponer sobre una placa el pescado limpio.
Rociar con un hilo de aceite de oliva. Sazonar
con sal, pimienta, el tomillo y el ajo picado.
Hornear a 180°C durante 25 minutos; en medio
de la cocción, bañar con el vino.
Pelar los pimientos con un pelapapas. Trozarlos,
descartando los cabitos y las semillas. Calentar
3 cucharadas de aceite de oliva en una sartén.
Sofreír la cebolla picada, añadir los pimientos y
salpimentar a gusto. Cocinar a fuego moderado,
rociando con caldo caliente para que la
preparación no se seque. Procesar hasta obtener
una salsa cremosa. Si se desea, pasar por un
tamiz fino.
Colocar la salsa en una fuente y apoyar encima
el pescado. Servir de inmediato, con papines
cocidos y tomates cherry sarteneados,
condimentados con ajo y perejil.

Salmón
a las hierbas aromáticas
Salmone alle erbe aromatiche

⁕

6 PORCIONES

Lavar las papas con piel, envolverlas individualmente en papel manteca y cocinarlas en el horno de 1 a 1^1/4 hora. Mientras tanto, colocar en una asadera el ajo picado y el aceite. Apoyar encima el pescado limpio; salpimentar a gusto. Hornear a temperatura moderada durante 15 minutos. Rociar con el vino y el jugo de limón. Esparcir las hierbas picadas y el peperoncino desmenuzado. Disponer los tomates cherry alrededor del pescado. Hornear por 30 minutos más.
Retirar las papas del horno. Separar el papel sin quitarlo del todo. Realizar un corte en cada papa, apretar para que se abra y colocar encima una cucharadita de queso crema sazonado con hierbas aromáticas picadas, sal y pimienta.
Servir el pescado con los tomates cherry.
Acompañar con las papas.

INGREDIENTES

> **6 papas medianas**
> **2 dientes de ajo**
> **5 cucharadas de aceite de oliva**
> **1,3 kilo de salmón**
> **sal, pimienta**
> **1/2 vaso de vino blanco seco**
> **1 cucharadita de jugo de limón**
> **hierbas aromáticas (perejil, romero, tomillo, ciboulette)**
> **1 peperoncino**
> **500 g de tomates cherry**
> **150 g de queso crema**

Truchas rellenas

Trote ripiene

ⓧ

INGREDIENTES   4 PORCIONES

> **2 puerros**
> **2 cucharadas de aceite de oliva**
> **60 g de manteca**
> **200 cc de champaña**
> **100 g de camarones**
> **1 cucharadita de almidón de maíz**
> **1 pizca de azafrán**
> **200 cc de crema de leche**
> **sal, pimienta verde y rosa**
> **4 truchas**
> **polenta para acompañar**

Picar finamente los puerros. Sofreírlos en una sartén con el aceite de oliva y 1 cucharada de manteca. Verter 100 cc de champaña y dejar que se evapore.

Incorporar los camarones. Agregar el almidón de maíz y el azafrán disueltos en 100 cc crema de leche. Cocinar durante 10 minutos. Sazonar con sal y pimienta.

Rellenar las truchas con la preparación anterior. Acomodarlas en una fuente untada con el resto de la manteca. Salpimentar a gusto por encima.

Bañar con el champaña y la crema de leche restantes.

Hornear a temperatura moderada durante 15 minutos. Retirar del horno y enseguida quitar la piel de las truchas.

Servir calientes, con tajadas de polenta grilladas.

Chernia con aceitunas

Cernia alle olive

······································· ⚬✕⚬ ·······································

4 PORCIONES

Picar finamente la cebolla. Rehogarla en una sartén con 2 cucharadas de aceite de oliva. Licuar los tomates y agregarlos. Condimentar a gusto con sal y pimienta. Cocinar durante 10 minutos, para obtener una salsa. Disponer los filetes de pescado en una fuente térmica, sin encimarlos. Rociar con el aceite restante y el agua. Salar y agregar los dientes de ajo aplastados. Cubrir con la salsa de tomates. Esparcir por encima las aceitunas sin carozo y las anchoas en trocitos. Cocinar durante 20 minutos en el horno precalentado a 180°C. Servir bien calientes. Acompañar con arroz.

INGREDIENTES

> 1 cebolla
> 60 cc de aceite de oliva
> 300 g de tomates bien maduros o en lata
> sal, pimienta
> 8 filetes de chernia
> 50 cc de agua
> 2 dientes de ajo
> 200 g de aceitunas negras
> 2 o 3 anchoas en aceite
> arroz para acompañar

Nota
Si se emplean tomates frescos, conviene pelarlos antes de licuarlos.
En lugar de chernia se puede usar abadejo o mero.

Merluza con hinojos

Merluzzo con finocchi

~ ❦ ~

INGREDIENTES

4 PORCIONES

> **4 hinojos**
> **aceite de oliva**
> **4 filetes de merluza**
> **sal, pimienta**
> **1 vaso de cerveza**

Limpiar los hinojos; guardar las hojas. Cortar los bulbos en cuartos. Cocinarlos durante 5 minutos en una cacerola con agua hirviente. Escurrirlos y reservarlos.

Untar con 1 cucharada de aceite de oliva el fondo de una fuente térmica. Ubicar dentro los filetes.

Condimentar el pescado con sal y pimienta a gusto. Picar las hojas de hinojo que se habían guardado y distribuirlas por encima. Rociar con un hilo de aceite de oliva.

Acomodar al lado de los filetes los cuartos de hinojo que se habían reservado. Salpimentar, rociar una vez más con aceite de oliva y mojar todo con la cerveza.

Llevar al horno y cocinar a 180°C de 15 a 20 minutos.

Servir los filetes de merluza acompañados con los hinojos.

Vale più la salsa del pesce.
Vale más la salsa que el pescado.

Lomo relleno con jamón

página 91

Filetto ripieno al prosciutto

Pescado en papillote

Pesce in papillote

❦

4 PORCIONES

Cortar las papas en rodajas de grosor mediano. Hervirlas durante 10 minutos en una cacerola con agua salada. Ubicar sobre la mesada 4 hojas de papel parafinado. Sobre cada hoja colocar una capa de papas, sal, pimienta, ajo cortado en láminas, hierbas picadas, un filete de pescado, 4 aceitunas picadas gruesas, otra capa de papas, sal y pimienta. Rociar con un hilo de aceite de oliva y unas gotas de jugo de limón.
Cerrar los paquetes y acomodarlos sobre una placa. Llevar al horno precalentado a temperatura moderada. Cocinar durante 10 minutos.
Abrir parcialmente los paquetes y servir en el momento. Acompañar con ensalada de hojas verdes.

INGREDIENTES

> **350 g de papas**
> **sal gruesa**
> **sal, pimienta**
> **2 dientes de ajo**
> **hierbas aromáticas**
> **(tomillo, albahaca,**
> **ciboulette, salvia,**
> **romero)**
> **4 filetes de besugo de**
> **250 g cada uno**
> **16 aceitunas negras**
> **aceite de oliva**
> **1 cucharada de jugo de**
> **limón**
> **hojas verdes para**
> **acompañar**

Merluza negra
con habas y crocante
Merluzzo con fave e croccanti

❧

INGREDIENTES

6 PORCIONES

> 1,2 kilo de filetes de
merluza negra, con piel
> 200 g de almendras
molidas
> 1 cucharada de aceite
> ramitas de tomillo
> sal, pimienta

Puré de habas
> 300 g de habas
congeladas
> 2 papas medianas
> 50 cc de aceite de oliva

Crocante de
mandioca
> 3 mandiocas
> aceite para freír

Cortar el pescado en trozos parejos. Adherir las almendras sobre la cara sin piel. Marcar en una plancha caliente, primero con la piel hacia abajo y luego del otro lado, de 2 a 3 minutos en total. Escurrir sobre papel absorbente. Terminar la cocción en una sartén caliente con el aceite y el tomillo. Salpimentar a gusto.

Puré de habas
Cocinar las habas en agua hirviente durante 10 minutos; escurrirlas, pelarlas y pasarlas por el mixer.
Hervir las papas y hacer un puré.
Mezclar los dos purés calientes. Aderezar con el aceite de oliva, sal y pimienta.

Crocante de mandioca
Cortar las mandiocas en láminas a lo largo, con la mandolina. Freír en aceite caliente, escurrir y salar.
Repartir el puré en los platos, colocar encima la merluza e insertar el crocante de mandioca. Servir de inmediato.

En Ushuaia, la ciudad más austral del mundo, conocí y preparé esta exquisita merluza negra, que quiero compartir con ustedes. Si no consiguen los mismos productos, pueden reemplazar la merluza negra por abadejo u otro pescado de carne compacta; las habas, por arvejas y las mandiocas, por batatas.

Fritura mixta de mar

Fritto misto di mare

6 PORCIONES

Cortar el abadejo en trozos pequeños. Secar muy bien todos los mariscos y el pescado.

Pasta para rebozar
Tamizar la harina con la sal, dejándolas caer dentro de un bol.
Agregar las yemas y el vino; mezclar bien. Si fuera necesario, aligerar con el agua fría.
Batir las claras a nieve e incorporarlas, uniendo con suaves movimientos envolventes.
Pasar por la pasta los mariscos y el pescado, de a pocos por vez. Freír en abundante aceite caliente. A medida que estén listos, escurrir sobre papel absorbente.
Servir en el momento, con hojas verdes y rodajas de limón.

INGREDIENTES

> **750 g de abadejo**
> **500 g de rabas**
> **300 g de langostinos**
> **250 g de calamaretes limpios**
> **250 g de mejillones limpios**

Pasta para rebozar
> **150 g de harina 0000**
> **1 cucharadita de sal**
> **3 yemas**
> **130 cc de vino blanco seco**
> **1 o 2 cucharadas de agua fría**
> **3 claras**
> **aceite para freír**
> **hojas verdes y limón para servir**

Mariscos gratinados

Frutti di mare gratinati

INGREDIENTES

6 PORCIONES

> 14 rebanadas de pan
> lácteo
> 1 peperoncino
> 150 g de manteca
> 1 o 2 dientes de ajo
> 1 manojo de perejil
> 500 g de tomates perita
> sal a gusto
> 2,5 kilos de mariscos
> surtidos (mejillones,
> cholgas, berberechos)
> con media valva
> hojas verdes para servir

Quitar la corteza de las rebanadas de pan.
Colocarlas en la procesadora junto con el
peperoncino, 100 g de manteca, los dientes de
ajo, el perejil, los tomates sin semillas y algo de
sal. Procesar hasta obtener una pasta.
Colocar los mariscos sobre una placa. Distribuir
sobre ellos la pasta procesada.
Rociar con la manteca restante, fundida y fría.
Llevar al horno a 220°C y gratinar de
5 a 10 minutos, hasta que la superficie resulte
tostada y levemente crocante.
Servir bien calientes, con hojas verdes.

Nota
La primera condición para hacer una buena
compra de mariscos es controlar que sean súper
frescos. Deben tener un agradable olor a mar,
carne compacta y colores vivos.

Pan relleno con cazuela de pescado al azafrán

Pane farcito con zuppa di pesce allo zafferano

··· ☙ ···

5 PORCIONES

Preparar un caldo con las cabezas, colas y cáscaras de los mariscos, junto con el azafrán. Colar y reservar.
Calentar el aceite en una cazuela de barro. Añadir 2 dientes de ajo, dorarlos y descartarlos. Disponer dentro de la cazuela los mariscos y el abadejo cortado en cubos de 3 cm de lado. Cocinar por unos minutos. Verter el vino y dejar que se evapore.
Agregar los tomates y 2 tazas del caldo reservado. Salpimentar generosamente. Cocinar a fuego vivo durante 15 minutos.
Ahuecar el pan y frotar el interior con el diente de ajo restante. Calentarlo en el horno, a temperatura alta, por 5 minutos.
Servir la cazuela dentro del pan, espolvoreada con el perejil.

INGREDIENTES

> **800 g de mariscos surtidos (berberechos, calamares, mejillones, langostinos, camarones) limpios**
> **1 cápsula de azafrán**
> **2 cucharadas de aceite**
> **3 dientes de ajo**
> **500 g de filetes de abadejo**
> **1 vaso de vino blanco seco**
> **1 lata de tomates**
> **sal, pimienta**
> **1 pan casero grande**
> **2 cucharadas de perejil picado**

Ensalada de verduras
con tortilla
Insalata di verdure con frittata

⚬

6 PORCIONES

Tortilla
> 2 huevos
> 3 cebollas de verdeo
> sal, albahaca
> aceite de oliva

Ensalada
> 1 pimiento verde, 1 rojo
> y 1 amarillo
> 2 berenjenas
> 150 g de apio

Salsa
> 1 vaso de yogur natural
> ciboulette, albahaca

Tortilla
Batir los huevos junto con las cebollas de verdeo picadas finas, sal a gusto y albahaca picada. Cocinar la tortilla en una sartén antiadherente aceitada. Enfriar en la heladera.

Ensalada
Pincelar los pimientos con aceite. Asarlos a la parrilla durante 15 minutos. Dejarlos enfriar. Pelarlos y quitarles las semillas. Cortarlos en finas tiras.
Cortar las berenjenas en rodajas, ponerlas en un colador y espolvorearlas con sal. Dejarlas reposar hasta que suelten líquido. Enjuagarlas y secarlas con papel de cocina. Sofreírlas en una sartén con 1 cucharada de aceite. Incorporar el apio cortado en ruedas y cocinar por 10 minutos. Retirar del fuego y salar. Mezclar con los pimientos.

Salsa
Batir el yogur con sal a gusto. Añadir ciboulette y albahaca picadas.
Retirar la tortilla de la heladera, enrollar y cortar en tiras delgadas. Agregarlas a la ensalada. Completar con hojas de albahaca. Servir con la salsa.

Ensalada de papas
a la rúcula
Insalata di patate alla rúcola

⚭

6 PORCIONES

Lavar los papines con piel. Cocinarlos durante 15 minutos en una cacerola con abundante agua, la sal gruesa y 1 cucharada de vinagre. Escurrir, dejar enfriar y colocar en una ensaladera.
Picar finamente la rúcula, las aceitunas, las anchoas y los tomates. Incorporar el aceite de oliva e integrar bien todo.
Aderezar los papines con la mezcla de rúcula. Dejar reposar 1 hora, para que se concentren los sabores.
Antes de servir, reforzar la sazón con sal y pimienta a gusto. Terminar de condimentar con el resto del vinagre.

INGREDIENTES

> **1,2 kilo de papines**
> **1 cucharada de sal gruesa**
> **2 cucharadas de vinagre aromatizado**
> **1 atado de rúcula**
> **12 aceitunas negras**
> **6 anchoas en aceite**
> **2 tomates**
> **120 cc de aceite de oliva**
> **sal, pimienta negra recién molida**

Nota
Para esta ensalada se puede optar por vinagre aromatizado con la hierba que se prefiera o con peperoncino.

Moldecitos de papas
con hongos

Sformatini di patate con funghi

············· ⊘⊘ ·············

INGREDIENTES 6 PORCIONES

> **manteca para los moldes**
> **1 kilo de papas**
> **100 g de queso**
> **parmesano**
> **tomillo fresco**
> **3 huevos**
> **250 cc de crema de**
> **leche**
> **sal, pimienta**

Salsa
> **3 echalotes**
> **aceite de oliva**
> **500 g de hongos frescos**
> **surtidos**
> **350 g de tomates cherry**
> **1/2 vaso de vino blanco**
> **seco**

Enmantecar 6 flaneras individuales. Forrarlas con papel siliconado o de aluminio.
Cortar las papas en finas tajadas, con la mandolina. Distribuirlas en los moldecitos, por capas, intercalando el queso parmesano rallado y tomillo a gusto.
Batir los huevos junto con la crema, sal y pimienta. Verter sobre las papas.
Cocinar durante 30 minutos en el horno precalentado a 180°C.

Salsa
Picar finamente los echalotes. Sartenearlos con aceite de oliva durante 3 o 4 minutos.
Agregar los hongos fileteados y los tomates cherry enteros. Cocinar por unos minutos.
Verter el vino y condimentar con tomillo, sal y pimienta. Seguir cocinando a fuego bajo 20 minutos más.
Emplatar los moldecitos de papa y acompañar con la salsa caliente. Servir de inmediato.

Papas rústicas
con salchicha
Patate rustiche con salsiccia

⚬✕⚬

6 PORCIONES

Enroscar la salchicha en forma de espiral; asegurar con un palillo. Pincharla varias veces, para que suelte la grasa durante la cocción. Asarla sobre una plancha antiadherente durante 10 minutos, dándola vuelta a mitad del tiempo. Pelarla, desmenuzarla y reservarla.
Cortar las papas en rodajas. Hervirlas durante 15 minutos en una cacerola con la leche y el laurel. Salpimentar a gusto. Colar, reservando la leche.
Untar con la manteca una fuente térmica.
Disponer dentro las papas, rociar con un poco de la leche que se había reservado y condimentar con sal, pimienta y nuez moscada.
Llevar al horno precalentado a 200°C y cocinar de 10 a 15 minutos.
Esparcir sobre las papas la salchicha desmenuzada y el queso gruyère rallado grueso.
Hornear por 15 minutos más, agregando leche si fuera necesario. Servir bien caliente.

INGREDIENTES

> **300 g de salchicha fresca de carnicería**
> **1 kilo de papas**
> **200 cc de leche**
> **1 o 2 hojas de laurel**
> **sal, pimienta**
> **1 cucharada de manteca**
> **nuez moscada**
> **100 g de queso gruyère**

Tatin de papas

Tatin di patate

INGREDIENTES

6 PORCIONES

> **500 g de papas**
> **500 cc de leche**
> **sal, pimienta**
> **200 g de manteca clarificada**
> **80 g de queso parmesano**
> **1 disco de masa de hojaldre**
> **tomillo y romero para decorar**

Cortar las papas en rodajas finas. Hervirlas durante 5 minutos en una cacerola con la leche. Colar y dejar enfriar.

Forrar un molde redondo con papel parafinado. Colocar dentro una capa de papas, salar, verter unas cucharadas de manteca clarificada y espolvorear con queso parmesano rallado. Repetir las capas hasta terminar con todos los ingredientes. Sazonar con pimienta.

Cubrir con el disco de hojaldre, pellizcar los bordes y pinchar la superficie con un tenedor. Hornear a 180°C de 30 a 35 minutos.

Para desmoldar, invertir sobre un plato grande. Decorar con tomillo y romero. Servir caliente o tibia.

Nota
Para obtener manteca clarificada, fundir manteca sólida, descartar el suero blanco de la superficie y del fondo y aprovechar sólo la materia grasa amarilla del centro.

Savarin a las dos coles

Savarin ai due cavoli

⊘✕⊙

---

6 PORCIONES

Separar la coliflor en ramilletes. Cocinarlos por hervido o al vapor. Colar, procesar y reservar. Calentar la leche en un jarro. Derretir la mitad de la manteca en una cacerolita. Espolvorear con la harina, unir bien y calentar hasta que burbujee. Verter la leche de a poco, mientras se revuelve, y cocinar hasta obtener una salsa blanca espesa. Condimentar con sal, pimienta y nuez moscada. Incorporar el queso rallado, el puré de coliflor y los huevos ligeramente batidos con la yema.

Verter la preparación en un molde savarin enmantecado. Hornear a 180°C, a baño de María, durante 45 minutos.

Hervir los repollitos de Bruselas en agua salada hasta que estén tiernos. Escurrir y reservar.

Desmoldar el savarin sobre una fuente, colocar en el centro los repollitos y rociarlos con la manteca restante, fundida. Espolvorear con queso rallado y servir.

INGREDIENTES

> **1 coliflor de 800 g**
> **250 cc de leche**
> **60 g de manteca**
> **30 g de harina**
> **sal, pimienta, nuez moscada**
> **3 cucharadas de queso parmesano rallado**
> **3 huevos**
> **1 yema**
> **18 repollitos de Bruselas**
> **queso rallado para servir**

Tomates rellenos al horno

Pomodori ripieni al forno

~~~

INGREDIENTES

6 PORCIONES

> **6 tomates redondos maduros**
> **250 g de pan rallado**
> **250 g de queso parmesano**
> **2 cucharadas de perejil picado**
> **1 o 2 dientes de ajo**
> **sal, pimienta**
> **1/2 taza de aceite de oliva**
> **50 g de manteca**
> **1/2 taza de agua**

Cortar los tomates por el medio, vaciarlos y dejarlos escurrir boca abajo sobre papel absorbente.

Colocar en un bol el pan y el queso rallados, el perejil y el ajo picados, sal y pimienta a gusto. Integrar bien todo.

Rellenar los tomates con la mezcla anterior. Acomodarlos en una fuente térmica.

Rociar con el aceite de oliva y distribuir copitos de manteca sobre el relleno.

Verter el agua en la fuente. Hornear a temperatura moderada durante 40 minutos, rociando cada tanto los tomates con el fondo de cocción. Servir calientes.

Nota
Ideal para saborear como plato vegetariano o como acompañamiento de carnes rojas o blancas.

Zucchini rellenos

Zucchini ripieni

8 PORCIONES

Calentar abundante agua en una cacerola.
Cuando rompa el hervor, incorporar los zucchini
enteros. Cocinar de 5 a 8 minutos. Escurrir y
dejar enfriar.
Cortar los zucchini por el medio a lo largo,
vaciarlos y reservarlos.
Ubicar en un bol la ricota, el queso rallado y el
huevo. Condimentar a gusto con sal, pimienta y
nuez moscada. Añadir el perejil o la albahaca
picados. Mezclar para integrar bien todo.
Rellenar con la preparación de ricota los
zucchini ahuecados. Colocarlos en una fuente
térmica untada con aceite de oliva.
Llevar al horno a 180°C. Cocinar hasta que los
zucchini estén tiernos y la superficie del relleno
se dore. Servir tibios.

INGREDIENTES

> **4 zucchini**
> **250 g de ricota**
> **150 g de queso rallado**
> **1 huevo**
> **sal, pimienta, nuez moscada**
> **1 manojo de perejil o albahaca**
> **aceite de oliva para la fuente**

Los zucchini, que en la Argentina se llaman también zapallitos largos, en otros países se conocen como zapallitos italianos. En esta versión resultan estupendos para acompañar carnes.

Alcauciles a la judaica

Carciofi alla giudia

⊘⊗

INGREDIENTES

4 PORCIONES

> **8 alcauciles**
> **aceite de oliva**
> **sal a gusto**

Elegir alcauciles muy tiernos. Limpiarlos, quitándoles las hojas externas y dejándoles 5 cm del tallo. Tornear el tallo y la base, para eliminar los sectores duros y lograr una prolija forma redondeada. Aplastar los alcauciles con la palma de la mano hasta que se abran como una flor. Para la cocción, utilizar una sartén honda. Verter en ella aceite de oliva suficiente para que alcance la mitad de la altura de los alcauciles. Calentarlo a fuego fuerte.

Colocar en la sartén los alcauciles, con el tallo hacia arriba. Bajar la llama y cocinar de 10 a 15 minutos. La parte interior debe quedar tierna y la exterior, crocante.

Dar vuelta los alcauciles con ayuda de una pinza. Subir nuevamente el fuego y cocinar hasta que los tallos resulten crocantes.

Retirar los alcauciles y escurrirlos sobre papel absorbente. Condimentar con sal a gusto y servir de inmediato.

Plato típico de la comunidad judía de Roma. En algunas casas es costumbre aderezarlos con ajo y perejil picados, ligeramente dorados en aceite de oliva.

Masa de pan y algo más
Panes, pizzas, calzone, focaccias y tartas saladas

Pasta da pane e altre cose
Pane, pizza, calzone, focaccia e torte salate

Amasar es una fiesta del alma.

Impastare é una festa dell' anima.

Hoy hago pan casero

Oggi il pane lo faccio in casa

INGREDIENTES

2 PANES

> **35 g de levadura fresca**
> **agua tibia**
> **1 cucharadita de azúcar**
> **200 cc de leche tibia**
> **3 cucharaditas de aceite**
> **de oliva**
> **500 g de harina 0000**
> **300 g de harina integral**
> **3 cucharaditas de sal**

Disolver la levadura en un tazón con 3 o 4 cucharadas de agua tibia y el azúcar. Dejar descansar durante 5 minutos.

Combinar en otro recipiente la leche tibia con 200 cc de agua tibia y el aceite.

Disponer en un bol 200 g de harina 0000, 100 g de harina integral, la sal y la mezcla de leche y agua; unir bien. Incorporar la levadura disuelta y el resto de las harinas. Integrar todo hasta lograr un bollo de masa.

Darle forma cilíndrica, doblar por el medio y volver a formar un cilindro. Aplastarlo un poco con los pulgares. Dividirlo en dos partes. Ubicarlas en moldes para budín inglés ligeramente aceitados. Tapar con film.

Precalentar el horno, apagarlo, colocar dentro los panes y dejar leudar durante 35 minutos. Quitar el film.

Encender el horno a temperatura moderada, cubrir los panes con papel de aluminio y cocinar por 20 minutos. Retirar el papel y seguir horneando aproximadamente 25 minutos más.

Nota
Si se prefiere elaborar el pan sólo con harina blanca, sustituir el aceite por 30 g de manteca.

Pan especial de cebolla
Pane speciale alla cipolla

⸻ ꙮ ⸻

Colocar en el vaso de la licuadora la cebolla cortada en cuartos, la sal, el azúcar, la pimienta, la leche tibia y la levadura. Licuar hasta lograr una textura homogénea.
Pasar la mezcla a un bol. Agregar la margarina a temperatura ambiente, el aceite, la harina y, si se desea, también el orégano.
Unir todo hasta obtener una masa tierna que no se pegue a las manos (esta tarea puede realizarse en batidora). Tapar con film y dejar leudar hasta que duplique su volumen.
Dividir la masa en dos partes. Darles forma de baguettes y colocarlas sobre una placa untada con aceite o margarina. Dejar leudar en un lugar templado.
Rociar con agua a temperatura ambiente.
Cocinar durante 35 minutos en el horno precalentado a 200°C.

INGREDIENTES

> 1 cebolla
> 1 cucharadita de sal
> 1 cucharadita de azúcar
> 1/2 cucharadita de pimienta
> 160 cc de leche tibia
> 2 cucharadas de levadura fresca
> 40 g de margarina
> 1 cucharada de aceite
> 450 g de harina
> 1 cucharada de orégano (optativo)

Pan napolitano

Pane napoletano

〜

INGREDIENTES

6 PORCIONES

- > **125 g de papas arenosas**
- > **20 g de levadura**
- > **1 pizca de azúcar**
- > **agua tibia**
- > **240 g de harina**
- > **1 pizca de sal**
- > **2 huevos**
- > **50 g de grasa de cerdo o margarina**
- > **1 mozzarella**
- > **100 g de jamón cocido**

Cocinar las papas en una cacerola con agua hirviente hasta que estén tiernas. Escurrirlas y pisarlas para obtener un puré. Dejar entibiar. Disolver la levadura en un tazón con el azúcar y 3 cucharadas de agua tibia. Mezclar con 40 g de harina. Dejar fermentar.

Sobre la mesada disponer en forma de corona 180 g de harina y la sal. Colocar en el centro el puré de papas, los huevos ligados y la grasa o la margarina blandas. Unir los ingredientes centrales con los de alrededor mientras se agrega el agua tibia necesaria para lograr una masa muy tierna.

Amasar, tapar y dejar leudar en lugar templado por 30 minutos.

Volver a amasar enérgicamente. Agregar la mozzarella cortada en cubos pequeños y el jamón en tiras. Amasar para integrarlos.

Ubicar en un molde untado con aceite o margarina y dejar leudar nuevamente.

- Espolvorear con la harina restante y hornear a 180°C durante 50 minutos. Servir tibio.

Brioche rellena

Brioche farcita

 measures·· ❦ ·······································

6 PORCIONES

INGREDIENTES

Masa

En un bol disolver la levadura con la leche tibia. Agregar el puré de papas, los huevos batidos y el queso rallado; unir. Añadir de a poco la harina y la sal, mezclando hasta formar un bollo. Amasar durante 10 minutos.
Poner sobre la masa la manteca en daditos, tapar con film y dejar leudar 1 hora o hasta que duplique su volumen. Amasar para integrar la manteca. Separar un tercio de la masa, estirar y tapizar un molde de 22 cm de diámetro, enmantecado.

Relleno y cubierta

Cortar en cubitos la mozzarella, el queso fontina y el jamón. Mezclar y distribuir sobre la masa del molde. Espolvorear con el reggianito rallado. Dividir el resto de la masa en 12 porciones, bollar y ubicar sobre el relleno. Cubrir con un lienzo húmedo y dejar leudar.
Diluir la yema con 1 cucharada de agua y pincelar la superficie de la brioche. Esparcir las semillas de amapola. Hornear a 220°C durante 15 minutos. Bajar la temperatura a 180°C y cocinar 20 minutos más. Servir tibia o fría.

Masa
- > **35 g de levadura fresca**
- > **300 cc de leche tibia**
- > **300 g de puré de papas**
- > **3 huevos**
- > **30 g de queso parmesano**
- > **600 g de harina 0000**
- > **1 cucharadita de sal**
- > **150 g de manteca**

Relleno y cubierta
- > **100 g de mozzarella**
- > **100 g de queso fontina**
- > **100 g de jamón cocido**
- > **50 g de queso reggianito**
- > **1 yema para pincelar**
- > **1 cucharada de semillas de amapola**

Masas para pizzas

Paste para pizze

INGREDIENTES   2 O 3 PIZZAS

Directa
> **25 g de levadura fresca**
> **300 cc de agua tibia**
> **2 cucharadas de aceite
> de oliva**
> **500 g de harina 0000**
> **1 cucharadita de sal**

Con fermento
previo
> **25 g de levadura fresca**
> **225 cc de agua tibia**
> **2 cucharaditas de azúcar**
> **400 g de harina 0000**
> **2 cucharadas de aceite
> de oliva**
> **1 cucharadita de sal**

Directa
Disolver la levadura en el agua tibia dentro de un tazón. Agregar el aceite y revolver. Colocar en un bol la harina y la sal. Verter la mezcla de levadura, integrar y formar un bollo tierno. Tapar con film y dejar leudar. Utilizar como se explique en cada receta.

Con fermento previo
Poner la levadura en un tazón y disolverla con la mitad del agua tibia. Agregar el azúcar, tapar y dejar espumar durante 20 minutos, para obtener el fermento.
Ubicar en un bol la harina, el fermento, el aceite y la sal. Mezclar mientras se añade el agua restante; debe resultar una masa blanda. Dejar leudar durante 30 minutos. Proceder como indique la receta elegida.

Pizza a la romana

Pizza alla romana

꧁꧂

2 PIZZAS

Dividir la masa en dos bollos. Colocarlos en pizzeras de 30 cm de diámetro, aceitadas, y estirar con las manos. Dejar leudar de 5 a 10 minutos.
Unir el puré de tomates con el aceite, sal, pimienta y orégano a gusto. Pincelar la masa con la mezcla. Hornear a 200°C durante 15 minutos.

Cubierta
Distribuir sobre las pizzas los tomates picados, la mozzarella cortada en tajadas finas, las anchoas y las alcaparras. Espolvorear con sal y orégano. Rociar con el aceite de oliva.
Llevar de nuevo al horno aproximadamente 10 minutos.

INGREDIENTES

> **masa con fermento previo (pág. 148)**
> **150 cc de puré de tomates**
> **2 cucharadas de aceite**
> **sal, pimienta, orégano**

Cubierta
> **450 g de tomates en lata, sin el jugo**
> **250 g de mozzarella**
> **8 anchoas en aceite**
> **2 cucharadas de alcaparras**
> **2 cucharadas de aceite de oliva**

La pizza nació en Nápoles después de la Primera Guerra Mundial. Más tarde se difundió por otras zonas de Italia.

Pizza Margarita

Pizza Margherita

∽◌◌∽

INGREDIENTES

3 PIZZAS

> masa directa (pág. 148)
> 150 cc de puré de tomates
> 2 cucharadas de aceite
> sal, pimienta, orégano

Cubierta
> mozzarella
> 2 o 3 tomates frescos
> 1 cucharada de aceite de oliva
> albahaca fresca

Dividir la masa en tres bollos. Estirarlos formando discos finos. Colocar en pizzeras aceitadas. Dejar leudar de 5 a 10 minutos. Pincelar con el puré de tomates mezclado con el aceite, sal, pimienta y orégano. Hornear a 200°C durante 15 minutos.

Cubierta
Cubrir las pizzas con tajadas de mozzarella y rodajas finas de tomates. Rociar con el aceite de oliva y esparcir albahaca cortada con la mano. Salpimentar a gusto.
Llevar al horno por 10 minutos más.

Esta pizza es la más conocida en el mundo. Cuando la reina Margarita de Inglaterra visitó el palacio de los príncipes de Nápoles, hace cien años, le presentaron los platos típicos de la ciudad, entre ellos, la pizza. La reina preguntó cómo se llamaba ese curioso manjar y el cocinero contestó: "Pizza Margarita, en su honor".

Pizza con salame

Pizza al salame

〜⁂〜

Dividir la masa en tres bollos. Estirarlos formando discos finos. Colocarlos en pizzeras aceitadas y dejar leudar de 5 a 10 minutos.

Cubierta
Picar finamente los tomates. Condimentar con sal y pimienta a gusto. Reservar. Cortar las cebollas en rodajas finas. Saltearlas en una sartén con 3 cucharadas de aceite de oliva hasta que estén transparentes; escurrirlas. Distribuir sobre las pizzas los tomates y las cebollas. Hornear a 200°C durante 15 minutos. Cubrir con el salame en rodajas, la mozzarella en tajadas y las aceitunas. Volver al horno por 10 minutos. Espolvorear con orégano y servir.

INGREDIENTES

> **masa directa (pág. 148)**

Cubierta
> **150 g de tomates en lata**
> **sal, pimienta**
> **150 g de cebollas**
> **aceite de oliva**
> **150 g de salame**
> **150 g de mozzarella**
> **10 aceitunas negras**
> **orégano fresco**

 La pizza es un alimento versátil que gusta por igual a grandes y chicos.

Pizza con rúcula
y jamón crudo
Pizza con rúcola e prosciutto crudo

❦

INGREDIENTES   3 PIZZAS

> masa directa (pág. 148)
> 150 cc de puré de
  tomates
> 2 cucharadas de aceite
> sal, pimienta, orégano

Cubierta
> 2 atados de rúcula
> aceite de oliva
> 300 g de jamón crudo

Dividir la masa en tres bollos. Estirarlos formando discos finos y ubicarlos en pizzeras aceitadas. Dejar leudar de 5 a 10 minutos. Combinar el puré de tomates con el aceite, sal, pimienta y orégano a gusto. Pincelar la masa con la mezcla. Hornear a 200°C durante 20 minutos, hasta que se forme un piso crocante. Retirar las pizzas de los moldes y apoyarlas sobre platos de madera.

Cubierta
Condimentar la rúcula con aceite de oliva y sal. Enrollar las lonjas de jamón para formar rosas. Cubrir las pizzas con la rúcula y distribuir por encima el jamón. Servir de inmediato.

 En sus orígenes, la pizza era simplemente masa de pan que se freía en puestos callejeros y se comía al paso, envuelta en papel.

Pizzetas

Pizzelle

.... ❦ ....

Dividir la masa en seis bollos. Estirarlos formando óvalos alargados. Ubicarlos en placas aceitadas. Dejar leudar de 5 a 10 minutos. Pincelar con el puré de tomates mezclado con el aceite, sal, pimienta y albahaca picada. Hornear a 200°C durante 15 minutos.

Cubierta 1
Cubrir las pizzetas con tajadas de mozzarella, tomates secos escurridos, aceitunas negras y albahaca trozada. Llevar al horno por 10 minutos más.

Cubierta 2
Cortar los zucchini y la berenjena en finas tajadas a lo largo y el pimiento, en tiras. Pincelar con aceite al ajo, salar y grillar. Distribuir los vegetales sobre las pizzetas. Cubrir con tajadas de mozzarella, esparcir aceitunas, rociar con aceite y salpimentar. Volver al horno por 10 minutos.

INGREDIENTES

> **masa directa (pág. 148)**
> **150 cc de puré de tomates**
> **2 cucharadas de aceite**
> **sal, pimienta, albahaca**

Cubierta 1
> **mozzarella**
> **1 taza de tomates secos marinados en aceite de oliva con ajo, albahaca y tomillo**
> **aceitunas negras**

Cubierta 2
> **2 zucchini**
> **1 berenjena**
> **1 pimiento rojo**
> **aceite de oliva aromatizado con ajo**
> **200 g de mozzarella**
> **aceitunas negras**

Calzone napolitano

Calzone napoletano

⚙

INGREDIENTES

3 CALZONE

Masa
> 25 g de levadura fresca
> 300 cc de agua tibia
> 375 g de harina 0000
> 125 g de harina 000
> 2 cucharadas de aceite de oliva
> sal, pimienta

Relleno
> 200 g de espinaca cocida, exprimida y picada
> 4 huevos duros
> 2 tomates perita maduros
> 2 o 3 cucharadas de aceite de oliva
> orégano fresco
> 100 g de ricota
> 400 g de mozzarella
> salsa de tomates

Masa
Disolver la levadura en 100 cc de agua tibia; dejar espumar para obtener el fermento. Mezclar las dos harinas y hacer un hueco en el centro. Colocar allí el fermento, el resto del agua tibia, el aceite, sal y pimienta. Unir todo y amasar 10 minutos. Tapar con film y dejar leudar durante 1 hora. Practicar en la superficie un corte en cruz con un cuchillo filoso y dejar descansar 30 minutos más.
Dividir el bollo en tres y estirarlos formando discos de 5 mm de espesor.

Relleno
Combinar la espinaca, los huevos duros picados gruesos, los tomates en cubitos, el aceite, sal, pimienta y orégano. Distribuir sobre la mitad de cada disco de masa. Colocar encima la ricota salpimentada y la mozzarella en cubos. Cerrar como empanadas.
Ubicar los calzone en placas aceitadas, pintar con salsa de tomates y hornear a 220°C durante 30 minutos.

Cuando los puesteros callejeros de Nápoles veían salir a los trabajadores de las fábricas decían: "Ahí vienen los calzoni (pantalones en italiano)"... y comenzaban a freír estas humildes delicias que esos hombres igualmente humildes comían como tentempié tras la dura jornada.

Pequeños calzone rústicos

Calzoncelli rustici

⚬✕⚬

10 PORCIONES

Masa
Disolver la levadura con el azúcar en 100 cc de agua tibia. Añadir la harina, la sal y el aceite. Unir y formar una masa, incorporando la cantidad necesaria de agua tibia. Amasar bien, tapar con film y dejar leudar durante 2 horas. Dividir la masa en porciones. Estirarlas para obtener discos de 12 cm de diámetro y 5 mm de espesor.

Relleno
Cortar en cubitos el queso mantecoso, la mozzarella y el salame. Mezclar y distribuir sobre los discos de masa. Sazonar con una pizca de sal y pimienta a gusto. Cerrar como empanadas y freír en abundante aceite.

INGREDIENTES

Masa
> 25 g de levadura fresca
> 1 pizca de azúcar
> agua tibia
> 400 g de harina 0000
> 1 cucharadita de sal
> 2 cucharadas de aceite
  de oliva

Relleno
> 400 g de queso
  mantecoso
> 100 g de mozzarella
> 100 g de salame
> sal, pimienta
> aceite para freír

 Calientes y crocantes, son los snacks más famosos de la cocina napolitana, de origen popular.

Para variar, reemplazar el salame por jamón cocido o crudo, o rellenar sólo con mozzarella y albahaca.

Si se prefieren más livianos, disponerlos sobre una placa aceitada, pincelar con salsa de tomates liviana y cocinar en horno fuerte de 10 a 15 minutos en lugar de freír.

Focaccia genovesa

Focaccia genovese

ᘓᘓ

INGREDIENTES

10 PORCIONES

> 20 g de levadura fresca
> 550 cc de agua tibia
> 1 kilo de harina 000
> sal, aceite de oliva

Cubiertas a elección
> 10 a 15 hojas de salvia picadas y algunas hojas enteras
> o 2 cucharadas de romero picado y algunas hojas enteras
> o 150 g de aceitunas negras
> o 2 cebollas rojas salteadas en aceite y manteca
> o 2 pimientos salteados en aceite

Unir la levadura con 100 cc de agua tibia y 3 cucharadas de harina. Dejar leudar, para obtener el fermento.

Integrar la harina y el agua restantes con algo de sal, 3 cucharadas de aceite de oliva y el fermento, hasta lograr una masa. Amasar de 7 a 8 minutos. Tapar con film y dejar leudar durante 1 hora.

Amasar nuevamente y formar 2 cilindros. Aceitar dos asaderas de 30 por 40 cm, estirar las piezas de masa hasta que resulten de esa medida y ponerlas en los moldes. Dejar leudar por 30 minutos.

Preparar una emulsión con 3 cucharadas de aceite de oliva, 2 cucharadas de agua y 20 g de sal. Hacer hoyos en la masa presionado con los nudillos. Pincelar con la emulsión y dejar leudar durante 1 y 1/2 hora.

Colocar sobre la masa la cubierta elegida.

Hornear a 200°C durante 40 minutos. Servir con fiambres y quesos.

Focaccia deriva de fuoco, que significa fuego. Nace en las cocinas de las casas de campo, donde el gran horno de barro, siempre encendido, congregaba a las familias que compartían la comida y el pan al término de su día de labor.

Focaccia al gorgonzola
Focaccia al gorgonzola

6 PORCIONES

Colocar la harina y la sal en forma de corona sobre la mesada.
Disolver la levadura en el agua tibia. Ponerla en el centro de la corona, junto con el queso azul desmenuzado, la grasa o la margarina y la manteca blanda.
Unir los ingredientes centrales. Incorporar gradualmente la harina de alrededor hasta formar un bollo, sin trabajar demasiado. Cubrir con film y dejar leudar hasta que duplique su volumen.
Estirar la masa con palote hasta dejarla de 2 cm de espesor. Cortar cuadrados de 5 cm de lado y pincelarlos con huevo ligeramente batido. Acomodarlos en una placa aceitada. Dejar leudar nuevamente.
Llevar al horno a 180°C y cocinar de 20 a 30 minutos.

Nota
Es importante controlar el tiempo de cocción; si se excede, el queso toma gusto amargo.

INGREDIENTES

> **500 g de harina 0000**
> **1 cucharadita de sal**
> **30 g de levadura fresca**
> **150 g de agua tibia**
> **200 g de gorgonzola u otro queso azul**
> **30 g de grasa de pella o margarina**
> **30 g de manteca blanda**
> **1 huevo para pincelar**

Focaccia

con romero y salvia

Focaccia al rosmarino e salvia

⊗

INGREDIENTES

12 PORCIONES

> 25 g de levadura fresca
> 300 cc de agua tibia
> 500 g de harina 0000
> 1 cucharada de sal
> 6 cucharadas de aceite
> de oliva
> romero, salvia
> aceite de oliva adicional
> para rociar
> sal gruesa para
> espolvorear
> fiambres o quesos para
> acompañar

Disolver la levadura en 100 cc de agua tibia, tapar y dejar espumar para obtener el fermento. Colocar la harina sobre la mesada, espolvorearla con la sal y hacer un hueco en el centro. Poner allí el aceite de oliva y el fermento. Mezclar y agregar el resto del agua tibia mientras se incorpora la harina de alrededor hasta formar un bollo tierno.

Ubicar la masa dentro de un bol, tapar con un lienzo húmedo o con film y dejar leudar hasta que duplique su volumen. Desgasificar y dejar leudar nuevamente.

Apoyar la masa sobre un molde rectangular o redondo, aceitado. Estirarla hasta lograr un espesor de 2 cm. Distribuir hojas de romero y de salvia, cortadas con las manos. Rociar con un hilo de aceite de oliva. Espolvorear con sal gruesa.

Llevar al horno a 180°C y cocinar durante 40 minutos.

Acompañar con fiambres o quesos a elección.

Focaccia
con queso mantecoso
Focaccia allo stracchino

~~~ ⟨χ⟩ ~~~

10 PORCIONES

Disolver la levadura con el azúcar y 100 cc de agua tibia; dejar espumar para obtener el fermento.
Colocar en un bol la harina y la sal. Hacer un hueco en el centro. Poner allí el aceite de oliva y el fermento. Mezclar y agregar el resto del agua tibia mientras se incorpora la harina de alrededor hasta formar un bollo tierno. Amasar por 10 minutos.
Ubicar la masa dentro de un bol, tapar con un lienzo húmedo o con film y dejar leudar hasta que duplique su volumen.
Desgasificar, dividir en dos bollos y estirarlos formando rectángulos del tamaño del molde que se usará. Tapar y dejar leudar durante 30 minutos.
Disponer en el molde aceitado una de las piezas de masa. Esparcir por encima el queso cortado en trocitos y albahaca cortada con la mano.
Cubrir con la otra masa y pellizcar los bordes para cerrar. Pincelar con una emulsión de agua y aceite de oliva en partes iguales. Espolvorear con sal gruesa.
Cocinar en el horno precalentado a 200°C durante 30 minutos.

INGREDIENTES

> 30 g de levadura fresca
> 1 cucharadita de azúcar
> 350 cc de agua tibia
> 700 g de harina 0000
> 1 cucharadita de sal
> 5 cucharadas de aceite de oliva
> 300 g de queso mantecoso
> albahaca fresca
> aceite de oliva para pincelar
> sal gruesa para espolvorear

Focaccia con verdeo
y aceitunas negras

Focaccia con cipollotti e olive nere

⚬

INGREDIENTES

8 PORCIONES

- > **30 g de levadura fresca**
- > **1 cucharada de azúcar**
- > **400 cc de agua tibia**
- > **750 g de harina 0000**
- > **3 cucharadas de aceite de oliva**
- > **20 g de manteca blanda**
- > **1 cucharadita de sal**
- > **500 g de cebollas de verdeo**
- > **aceite de oliva para saltear**
- > **150 g de aceitunas negras**

Disolver la levadura y el azúcar en 100 cc de agua tibia; dejar espumar para obtener el fermento.

Colocar la harina en forma de corona sobre la mesada. Poner en el centro el fermento, el aceite, la manteca blanda y la sal. Unir con el resto del agua y amasar hasta lograr un bollo elástico. Tapar y dejar leudar durante 1 hora. Desgasificar la masa. Ubicarla en un molde aceitado, estirar con las manos y hacer huecos con los dedos. Dejar leudar por 15 minutos. Rociar con agua a temperatura ambiente. Cocinar en horno moderado durante 30 minutos. Emplear sólo las hojas de las cebollas de verdeo. Cortarlas en juliana al sesgo. Cocinarlas en una sartén con 4 o 5 cucharadas de aceite de oliva aproximadamente 10 minutos, revolviendo con cuchara de madera. Incorporar las aceitunas sin carozo y salar a gusto.

Cortar la focaccia en dos capas. Rellenar con la mitad del sarteneado y cubrir con el resto. Servir sola o con quesos.

Focaccia con pollo
y espárragos
Focaccia guarnita con pollo e asparagi

·· ✆❀✆ ··

8 PORCIONES

Disolver la levadura con la mitad del agua tibia dentro de un tazón.
Mezclar en un bol la harina y la sal. Agregar la margarina blanda, el aceite de oliva, el resto del agua y la levadura. Unir todo hasta formar un bollo tierno. Tapar y dejar leudar en un lugar templado durante 2 horas.
Cortar los espárragos en juliana y saltearlos en una sartén con aceite de oliva. Salpimentar a gusto.
Aplanar las tajadas de pollo. Sobre cada una poner una lonja de panceta, una tajada de queso y una porción de espárragos; enrollar.
Desgasificar la masa. Estirarla sobre una pizzera de 24 cm de diámetro, aceitada. Distribuir encima los rollitos de pollo y los tomates cherry. Espolvorear con orégano, rociar con un hilo de aceite de oliva, salpimentar y esparcir algunos granos de sal gruesa.
Cocinar en horno precalentado a 190°C durante 40 minutos. Servir tibia.

INGREDIENTES

> **40 g de levadura fresca**
> **500 cc de agua tibia**
> **750 g de harina 0000**
> **1 cucharadita de sal**
> **1 cucharada de margarina**
> **4 cucharadas de aceite de oliva**
> **1 atado de espárragos**
> **aceite de oliva para saltear**
> **sal, pimienta**
> **12 tajadas finas de pollo**
> **12 lonjas de panceta ahumada**
> **12 tajadas de queso de máquina**
> **12 tomates cherry**
> **orégano, sal gruesa**

Tarta de hongos

Crostata ai funghi

INGREDIENTES

6 PORCIONES

Masa

- > **200 g de harina 0000**
- > **80 g de manteca fría**
- > **50 cc de agua fría**
- > **ralladura de 1 limón**
- > **1 cucharadita de sal**

Relleno

- > **400 g de hongos frescos surtidos (girgolas, portobellos, champiñones)**
- > **2 cucharadas de aceite de oliva**
- > **1 diente de ajo**
- > **gotas de jugo de limón**
- > **sal, pimienta**
- > **1 cucharada de perejil picado**
- > **1 taza de salsa bechamel (pág. 51)**

Masa

Unir todos los ingredientes con la punta de los dedos. Formar un pancito, envolverlo en papel de aluminio y dejarlo descansar en la heladera durante 20 minutos.

Estirar la masa y forrar un molde de 26 cm de diámetro. Cubrir con papel de aluminio y rellenar con porotos. Hornear a 180°C durante 20 minutos. Quitar los porotos y el papel.

Relleno

Reservar 2 hongos grandes enteros. Cortar los demás y cocinarlos durante 10 minutos, en una sartén con el aceite y el ajo aplastado. Rociar con el jugo de limón, descartar el ajo y salpimentar. Mezclar con el perejil y la salsa bechamel.

Rellenar con la preparación de hongos la masa precocida. Hornear a 180°C durante 25 minutos. Saltear los hongos reservados en aceite con unas gotas de jugo de limón. Condimentar a gusto con sal y pimienta. Dejar entibiar, cortar en láminas y decorar la tarta. Servir bien caliente.

La reina

de las tortas pascualinas

La regina delle torte pasqualine

⊘

10 PORCIONES

Masa

Hacer una corona con la harina y la sal. Poner en el centro el aceite y el agua necesaria para formar una masa elástica. Unir, amasar y dividir en 8 bollitos. Cubrir con un paño apenas húmedo y dejar reposar durante 20 minutos. Estirar hasta obtener discos bien finos. Pincelarlos con aceite de oliva

Relleno

Exprimir muy bien la espinaca. Saltearla en el aceite junto con el ajo y el perejil. Agregar el queso rallado, sal, pimienta y mejorana. Batir en un bol la ricota con la harina y la leche. Salpimentar. Enmantecar un molde desmontable alto de 22 cm de diámetro. Tapizarlo con 4 discos de masa. Colocar el relleno de espinaca y encima el de ricota. Formar 5 hoyos y cascar en ellos los huevos; salar y colocar un cubito de manteca. Tapar con los otros discos de masa. Pinchar con un tenedor. Cocinar en horno moderado durante 45 minutos.

INGREDIENTES

Masa
> 300 g de harina
> 1 cucharadita de sal
> 3 cucharadas de aceite de oliva
> agua para unir

Relleno
> 500 g de espinaca cocida
> 1 cucharada de aceite
> 1 cucharada de ajo y perejil picados
> 3 cucharadas de queso rallado
> sal, pimienta, mejorana
> 300 g de ricota
> 1 cucharada de harina
> 5 cucharadas de leche
> 5 huevos
> 50 g de manteca

Especialidad de Liguria para la Pascua, de allí su nombre. Antiguamente se preparaba con 33 hojas de masa, que representaban la edad de Cristo.

Tarta verde de espinaca

Torta verde con spinaci

❧

INGREDIENTES

6 PORCIONES

Masa
> **250 g de harina 0000**
> **200 g de manteca fría**
> **sal, pimienta**
> **agua fría para unir**

Relleno
> **100 g de jamón crudo o cocido**
> **30 g de manteca**
> **1 diente de ajo**
> **400 g de espinaca cocida**
> **300 g de ricota**
> **50 g de queso parmesano**
> **100 cc de crema de leche**
> **2 huevos**
> **nuez moscada**

Masa
Procesar la harina con la manteca fría, sal y pimienta a gusto. Añadir el agua fría necesaria para unir la masa. Dejar reposar en la heladera durante 20 minutos.
Estirar la masa y forrar un molde de 24 cm de diámetro.

Relleno
Cortar el jamón en dados pequeños. Dorarlos en una sartén con la manteca y el ajo aplastado. Agregar la espinaca exprimida y picada; saltear 5 minutos. Descartar el ajo. Dejar enfriar. Incorporar la ricota, el parmesano rallado, la crema y los huevos. Mezclar bien. Condimentar con sal, pimienta y nuez moscada.
Rellenar la masa con la preparación anterior. Hornear a temperatura moderada durante 35 minutos. Servir caliente o tibia.

Tarta de verduras

Torta salata con verdure

❦

6 PORCIONES

Masa frola salada

Colocar en un bol las harinas, sal, pimienta, la manteca fría y el queso rallado. Trabajar con la punta de los dedos hasta formar un granulado. Incorporar los huevos y unir para formar un bollo, sin amasar demasiado. Dejar reposar en la heladera por 20 minutos. Estirar la masa y forrar un molde desmontable. Pincelar con la clara ligeramente batida.

Relleno

Picar las cebollas de verdeo y rehogarlas en una sartén con la manteca y el aceite. Cortar las zanahorias en rodajas y separar el brócoli en ramilletes; dar un hervor y escurrir. Integrar los huevos con la leche, la crema, el queso rallado grueso, sal, pimienta y nuez moscada. Colocar las verduras sobre la masa. Verter sobre ellas la mezcla de huevos. Hornear a 190°C durante 40 minutos.

INGREDIENTES

Masa frola salada
> 200 g de harina 0000
> 50 g de harina integral fina
> sal, pimienta
> 120 g de manteca fría
> 20 g de queso parmesano
> 2 huevos
> 1 clara para pincelar

Relleno
> 6 cebollas de verdeo
> 2 cucharadas de manteca
> 1 cucharada de aceite de oliva
> 2 zanahorias
> 200 g de brócoli
> 3 huevos
> 1/2 vaso de leche
> 3 cucharadas de crema de leche
> 100 g de queso emmental
> nuez moscada

Tarta de berenjenas y tomates
Torta salata di melanzane e pomodori

ᑫ᙭ᑐ

INGREDIENTES　　6 PORCIONES

Masa
> **300 g de harina**
> **130 g de manteca fría**
> **1 cucharada de hierbas
aromáticas picadas**
> **sal, pimienta**
> **agua fría para unir**
> **1 clara para pincelar**

Relleno
> **2 berenjenas**
> **aceite de oliva**
> **12 tomates cherry**
> **250 g de champiñones**
> **30 g de manteca**
> **3 huevos**
> **6 cucharadas de leche**
> **200 g de mozzarella**

Masa
Procesar la harina con la manteca fría, las hierbas, sal y pimienta. Agregar el agua fría necesaria para unir y formar el bollo, sin amasar demasiado. Dejar descansar en la heladera por 20 minutos.
Estirar la masa y forrar un molde de 24 cm de diámetro. Pincelar con la clara ligeramente batida, para impedir que el relleno humedezca la masa.

Relleno
Cortar las berenjenas en tajadas finas. Cocinarlas en una plancha aceitada por 1 minuto de cada lado. Retirar, salar y reservar.
Cortar los tomates por el medio. Filetear los champiñones. Saltear ambos en una sartén con la manteca y 1 cucharada de aceite durante 5 minutos.
Integrar los huevos con la leche. Salpimentar a gusto.
Rellenar la masa con las berenjenas, los tomates y los champiñones. Distribuir encima la mozzarella cortada en rodajas y verter con cuidado la mezcla de huevos.
Cocinar en el horno precalentado a 180°C durante 40 minutos.

Tarta de cebollas
con jamón crudo
Torta salata con le cipolle e prosciutto

❧❦

6 PORCIONES

Masa

Colocar en la procesadora la harina, la manteca, el huevo duro, sal, hierbas picadas y ralladura de limón. Accionar con pulsos y agregar agua hasta formar una masa, sin trabajar demasiado. Dejar reposar durante 30 minutos en la heladera. Reservar un tercio de la masa. Estirar el resto y forrar un molde de 40 cm de diámetro, enmantecado y espolvoreado con pan rallado.

Relleno

Cortar las cebollas en finas rodajas. Rehogarlas en una sartén con la manteca y el aceite. Escurrirlas y combinarlas con el pan y el queso rallados, los huevos apenas batidos, sal y pimienta.
Disponer sobre la masa del molde el queso gruyère cortado en tajadas finas, la preparación de cebollas, el jamón en tiritas, los huevos duros en rodajas y las aceitunas. Estirar la masa reservada y cubrir el relleno. Pincelar con huevo batido y hornear a 200°C por 40 minutos.

INGREDIENTES

Masa
> **350 g de harina 0000**
> **170 g de manteca fría**
> **1 huevo duro**
> **sal, hierbas aromáticas**
> **ralladura de limón**
> **agua fría para unir**

Relleno
> **1 kilo de cebollas**
> **50 g de manteca**
> **3 cucharadas de aceite de oliva**
> **1 cucharada de pan rallado**
> **3 cucharadas de queso parmesano rallado**
> **3 huevos**
> **sal, pimienta**
> **150 g de queso gruyère**
> **100 g de jamón crudo**
> **2 huevos duros**
> **150 g de aceitunas negras sin carozo**
> **1 huevo para pincelar**

Tarta de zucchini

Torta salata con zucchini

〇〇〇

INGREDIENTES

6 PORCIONES

Masa
> 250 g de harina 0000
> 120 g de manteca fría
> sal, hierbas aromáticas
> 1 huevo
> 3 cucharadas de agua
  fría

Relleno
> 3 zucchini
> aceite de oliva
> mejorana fresca
> sal, pimienta
> 1 o 2 amaretti
  (pág. 209)
> 200 g de queso
  mantecoso
> 150 g de jamón cocido

Masa

Formar un arenado con la harina, la manteca fría, sal y hierbas picadas. Agregar el huevo y el agua fría; tomar la masa sin trabajar demasiado. Dejar reposar durante 30 minutos en la heladera. Estirar la masa y forrar un molde rectangular. Reservar el excedente.

Relleno

Cortar los zucchini en rodajas. Saltearlos en una sartén con aceite de oliva hasta que estén tiernos.
Condimentar con mejorana picada, sal y pimienta a gusto. Incorporar los amaretti triturados, mezclar y dejar enfriar.
Dividir el queso en trozos pequeños y esparcir sobre la masa del molde. Colocar encima el jamón cortado en tiritas y la preparación de zucchini.
Con el excedente de masa realizar un enrejado sobre el relleno. Cocinar de 30 a 35 minutos en el horno precalentado a 180°C.

Quiche de puerros

Quiche ai porri

〰️ ❧ 〰️

Extender la masa y forrar un molde de 22 cm de diámetro.

Relleno
Cortar los puerros en rodajas finas. Colocarlos en una sartén junto con el echalote picado y 3 cucharadas de aceite de oliva. Salar y cocinar casi hasta obtener un puré; si fuera necesario, agregar 2 cucharadas de agua.
Dorar la pechuga de pollo en otra sartén, con 1 o 2 cucharadas de aceite. Condimentar con sal y pimienta. Cortar en pequeños cubos.
Unir en un bol la crema, los huevos, sal y pimienta a gusto.
Distribuir sobre la masa el pollo, sobre él la preparación de puerros y por encima la mezcla de crema. Esparcir en la superficie el queso parmesano y las almendras.
Hornear a 200°C durante 30 minutos. Cubrir con papel de aluminio y cocinar por 10 minutos más. Servir tibia.

INGREDIENTES

> masa brissée (pág. 171)

Relleno
> 400 g de puerros limpios
> 1 echalote picado fino
> aceite de oliva
> sal, pimienta
> 1/2 pechuga de pollo
> 150 cc de crema de leche
> 2 huevos
> 2 cucharadas de queso parmesano rallado
> 2 cucharadas de almendras fileteadas

Tarta de pimientos
con anchoas
Torta salata con peperoni e acciughe

❦

INGREDIENTES   8 PORCIONES

> masa brissée (pág. 171)
> 1 clara para pincelar

Relleno
> 1 pimiento verde, 1 rojo
> y 1 amarillo
> aceite de oliva
> 1 diente de ajo
> sal, pimienta, nuez
> moscada
> 2 huevos
> 50 cc de leche
> 50 cc de crema de leche
> 3 o 4 anchoas en aceite
> 80 g de queso provolone
> 100 g de tomates cherry
> albahaca fresca
> hojas verdes para
> acompañar

Estirar la masa y forrar un molde de 24 cm de diámetro. Cubrir con papel de aluminio y rellenar con porotos. Hornear a 190°C aproximadamente 10 minutos. Quitar los porotos y el papel. Pincelar con clara ligeramente batida. Dejar enfriar.

Relleno
Cortar los pimientos en fina juliana. Ponerlos en una sartén con un poco de aceite y el ajo aplastado. Salpimentar a gusto y sartenear por unos minutos.
Batir en un bol los huevos, la leche, la crema, las anchoas finamente picadas, sal, pimienta y nuez moscada.
Disponer sobre la masa precocida el queso provolone cortado en cubos, los pimientos y los tomates cherry cortados por el medio. Esparcir albahaca picada. Verter encima el batido de huevos.
Hornear a 190°C aproximadamente 30 minutos. Acompañar con hojas verdes.

Tarta de quesos

Torta salata ai formaggi

8 PORCIONES

INGREDIENTES

Masa brissée
Procesar la harina con la manteca fría, sal y pimienta. Agregar el huevo y accionar por pulsos hasta lograr el bollo; si fuera necesario, incorporar agua fría para terminar de unir. Dejar descansar durante 20 minutos en la heladera. Estirar la masa y forrar un molde de 22 cm de diámetro. Cubrir con papel manteca y rellenar con porotos. Hornear a 180°C durante 20 minutos. Quitar los porotos y el papel. Hornear por 5 minutos más. Dejar enfriar.

Relleno
Cortar la lechuga en fina juliana, rociar ligeramente con aceite de oliva y esparcir sobre la masa precocida.
Procesar los quesos con la crema, las hierbas, la salsa tabasco y poca sal hasta lograr una pasta. Colocarla en una manga y realizar copos sobre la lechuga.
Encima de cada copo decorar con pickles cortados en cubitos. Acompañar con ensalada de hojas verdes.

Masa brissée
> **300 g de harina**
> **130 g de manteca fría**
> **sal, pimienta**
> **1 huevo**
> **agua fría para unir**

Relleno
> **150 g de lechuga mantecosa**
> **aceite de oliva**
> **300 g de queso de cabra tierno**
> **200 g de queso ahumado**
> **200 cc de crema de leche**
> **1 cucharada de perejil y albahaca picados**
> **gotas de salsa tabasco**
> **100 g de pickles**
> **hojas verdes para acompañar**

Tarta calabresa de atún

Pitta calabrese al tonno

❧

INGREDIENTES

6 PORCIONES

Masa
> 400 g de harina 0000
> 1 sobre de levadura seca
> 2 cucharaditas de azúcar
> 2 cucharaditas de sal
> 2 cucharadas de aceite
de oliva
> 1 huevo
> 1 yema
> 60 g de manteca blanda
> 180 cc de agua tibia

Relleno
> 2 cucharadas de aceite
de oliva
> 8 anchoas en aceite
> 1 berenjena
> 700 g de pulpa de
tomates
> 70 g de alcaparras
> 180 g de atún en aceite
o al natural

Masa
Colocar en un bol la harina y la levadura. Hacer un hueco en el centro y poner allí el azúcar, la sal, el aceite de oliva, el huevo, la yema y la manteca blanda. Unir los ingredientes centrales y verter el agua tibia mientras se incorpora la harina de alrededor. Trabajar bien la masa durante 10 minutos. Tapar y dejar leudar durante 45 minutos.

Relleno
Calentar en una sartén el aceite con las anchoas picadas. Agregar la berenjena pelada y cortada en cubitos. Rociar con 1 cucharada de agua y cocinar durante 10 minutos. Añadir la pulpa de tomates, las alcaparras y poca sal. Cocinar durante 30 minutos, hasta que se reduzca el líquido que suelten los vegetales. Retirar, mezclar con el atún bien escurrido y dejar enfriar.
Estirar la masa leudada y forrar un molde. Rellenar y cocinar en el horno precalentado a 180°C de 40 a 45 minutos, hasta dorar. Servir caliente o tibio.

Postre y sobremesa
Postres, pequeña pastelería, café y tragos

Dolci e pasticcini
Dessert, piccola pasticcheria, caffé e drinks

El reloj del glotón marca siempre la hora de los dulces.

L'orologio del ghiottone segna sempre colazione.

Semifrío al turrón

Semifreddo al torroncino

··· ⊘⊙ ···

INGREDIENTES

8 PORCIONES

> **100 g de azúcar**
> **100 cc de agua**
> **5 yemas**
> **100 g de chocolate para taza**
> **140 g de turrón duro de almendras de buena calidad**
> **500 cc de crema de leche**
> **turrón y chocolate para servir**

Colocar en una cacerolita el azúcar y el agua. Hervir durante 1 minuto, hasta obtener un almíbar.

Batir las yemas con batidora eléctrica hasta que espumen. Verter sobre ellas el almíbar, en forma de hilo, mientras se continúa batiendo hasta que la preparación se enfríe.

Fundir el chocolate a baño de María. Picar finamente o procesar el turrón. Batir la crema de leche a 3/4 punto; separarla en dos partes iguales.

Dividir también en dos partes el batido de yemas. Agregar a una el chocolate y a la otra el turrón. Incorporar a cada preparación, con movimientos envolventes, la mitad de la crema batida.

Mojar un molde para terrina y forrarlo con un film. Ubicar dentro la mezcla de turrón; enfriar 10 minutos en el freezer.

Verter la preparación de chocolate. Tapar con papel de aluminio y llevar al freezer por 6 horas. Desmoldar y decorar por encima con trocitos de turrón. Servir cortado en tajadas, sobre un espejo de chocolate fundido.

Nota
Para el éxito de este semifrío resulta esencial que el turrón sea duro y de buena calidad, a fin de poder molerlo finamente; de lo contrario se apelmazará.

Semifrío de sabayón

Semifreddo di zabaione

⟨⟩

8 PORCIONES

Colocar en un bol las yemas y el azúcar. Batir con batidora eléctrica hasta que resulten blancas y espumosas. Incorporar el champaña y el agua, medidos con media cáscara de huevo. Continuar batiendo a baño de María, sobre fuego mínimo. El sabayón estará listo cuando al levantar el batidor se formen cintas.
Agregar la gelatina hidratada en el champaña adicional y batir para integrarla. Pasar el recipiente a baño de María inverso (con agua fría y hielo) y seguir batiendo hasta que comience a enfriarse.
Batir la crema de leche a medio punto y añadirla al sabayón con movimientos envolventes.
Verter en 8 copas o en un molde para terrina forrado con film. Llevar al freezer hasta el día siguiente o por lo menos 5 horas. Si se moldeó, desmoldar.
Decorar con la crema de leche batida con la nuez moscada, los marron glacés y lengüitas de gato.

INGREDIENTES

> **4 yemas**
> **7 cucharadas de azúcar**
> **4 medidas de champaña**
> **(utilizar media cáscara**
> **de huevo como medida)**
> **1 medida de agua**
> **7 g de gelatina sin sabor**
> **2 cucharadas**
> **adicionales de**
> **champaña**
> **250 cc de crema de**
> **leche**

Para decorar
> **100 cc de crema de**
> **leche**
> **1 pizca de nuez**
> **moscada**
> **8 marron glacés**
> **lengüitas de gato**

Soufflé helado

Soufflé gelato

INGREDIENTES

6 PORCIONES

- > **80 g de chocolate de buena calidad**
- > **70 cc de leche**
- > **150 g de azúcar**
- > **5 o 6 cucharadas de agua**
- > **3 claras**
- > **300 cc de crema de leche**
- > **esencia de vainilla**
- > **2 cucharadas de cacao amargo**

Utilizar vasos rectos. Rodear la parte superior de cada uno con una tira ancha de papel manteca, dejando que sobresalga unos 2 cm; atar con hilo. Llevar a la heladera.

Fundir el chocolate a baño de María, con la leche caliente. Reservar.

Poner el azúcar en una cacerolita y humedecer con el agua. Llevar al fuego hasta obtener un almíbar a punto de bolita blanda (118°C).

Batir las claras a punto nieve firme. Verter sobre ellas el almíbar, en forma de hilo, mientras se bate. Continuar batiendo hasta que se enfríe, para lograr un merengue italiano. Llevar a la heladera.

Batir la crema de leche a medio punto. Añadirla con suavidad al merengue. Separar en dos partes. Incorporar a una el chocolate fundido, con movimientos envolventes. Aromatizar la otra parte con esencia de vainilla a gusto.

Repartir ambas preparaciones en los vasos, alternando los colores y terminando con la de vainilla, hasta llegar al borde del papel. Alisar la superficie. Llevar al freezer durante 3 horas. Espolvorear con cacao amargo justo antes de servir.

Bavarois de dos sabores
Bavarese di due sapori

8 PORCIONES

Escurrir los duraznos, trozarlos y licuarlos junto con 60 g de azúcar. Procesar las frutillas con el azúcar restante y el jugo de limón. Reservar por separado. Hidratar la gelatina con agua fría y el kirsch. Calentar hasta disolver. Incorporar 2/3 a los duraznos y el resto a las frutillas. Batir la crema a 3/4 punto. Añadir 2/3 a los duraznos y el resto a las frutillas. Colocar la mitad de la preparación de duraznos en un molde cuadrado o en copas. Llevar al freezer por 10 minutos, hasta que solidifique. Volcar encima la preparación de frutillas. Llevar al freezer por 10 minutos más. Cubrir con el resto de la preparación de duraznos. Llevar al freezer durante 3 horas, hasta que esté firme. Si se moldeó, desmoldar. Decorar con frutas frescas fileteadas y hojas de menta.

INGREDIENTES

> 1 lata de duraznos
> 120 g de azúcar
> 500 g de frutillas
> jugo de 1/2 limón
> 21 g de gelatina sin sabor
> 2 cucharadas de kirsch
> 500 cc de crema de leche
> frutas a elección y menta para decorar

Crema cocida
Panna cotta

⟨⟩

INGREDIENTES

8 PORCIONES

> 1 litro de crema de leche
> 8 cucharadas de azúcar
> 21 g de gelatina sin sabor
> 2 cucharadas de esencia de vainilla
> almendras tostadas para decorar
> coulis de frutas rojas al ron para servir

Poner en un bol la crema y el azúcar. Llevar a baño de María hasta que el azúcar se disuelva, cuidando que no hierva.
Hidratar la gelatina en 3 cucharadas de agua fría. Añadirla a la crema caliente, fuera del fuego, y revolver hasta que se integre por completo. Perfumar con la esencia de vainilla. Verter en un molde savarin humedecido con agua. Llevar a la heladera durante 4 o 5 horas. Desmoldar y decorar con almendras tostadas. Servir con coulis de frutillas, frambuesas o cerezas aromatizado con ron.

Variante bicolor
Para lograr una versión novedosa de este clásico del Piamonte, dividir la crema cocida en dos partes antes de moldearla. Incorporar a una mitad 30 g de chocolate para taza, fundido con 1 cucharadita de manteca, y 5 o 6 amaretti (pág. 209) molidos. Dejar la otra mitad sin agregados.
Verter cada preparación en un molde rectangular bajo. Refrigerar durante 12 horas. Desmoldar las dos cremas y cortarlas en dados. Ensartarlos en palillos para brochettes, alternando los colores e intercalando cubos de frutas frescas (frutillas, duraznos, melón). Espolvorear con azúcar impalpable y servir.

Crema cocida al café

Panna cotta al caffé

~~~~~~~~~~~~~~~~~~~~~~~~ ⊘⊙ ~~~~~~~~~~~~~~~~~~~~~~~~

6 PORCIONES

Poner en una cacerola la crema, la leche y el azúcar. Calentar hasta que rompa el hervor. Retirar del fuego.
Hidratar la gelatina en 3 cucharadas de agua fría. Añadirla a la preparación caliente, junto con el café, y revolver hasta que todo resulte integrado.
Distribuir en copas o moldes individuales. Enfriar en la heladera hasta que coagule.
Cortar los damascos en trozos. Ponerlos en un recipiente pequeño, bañarlos con el licor y dejarlos en remojo hasta que se hidraten. Escurrirlos y sartenearlos con la manteca durante 5 minutos.
Decorar la crema cocida con los damascos, hilos de caramelo líquido y hojas de menta.

INGREDIENTES

> **800 cc de crema de leche**
> **150 cc de leche**
> **180 g de azúcar**
> **14 g de gelatina sin sabor**
> **100 cc de café espresso**
> **200 g de damascos secos**
> **licor de damascos**
> **1 cucharada de manteca**
> **caramelo líquido y menta para decorar**

Nota

Se puede reemplazar el café espresso por 2 cucharadas de café instantáneo en polvo y el licor de damascos por otra bebida alcohólica a elección.

Espuma de limón

Spuma al limone

INGREDIENTES — 6 PORCIONES

> **3 huevos**
> **150 g de azúcar**
> **1 cucharadita de esencia de vainilla**
> **jugo y ralladura de 2 limones**
> **120 g de manteca blanda**
> **300 cc de crema de leche**

Coulis
> **300 g de frutillas bien maduras**
> **50 g de azúcar**
> **frutillas y rodajas de limón para decorar**

En una cacerola batir los huevos con el azúcar, la esencia de vainilla, el jugo y la ralladura de limón. Agregar la manteca blanda cortada en pedacitos.

Llevar al fuego y mezclar continuamente hasta que la mezcla espese, cuidando que no llegue a hervir. Retirar y dejar enfriar.

Batir la crema de leche a medio punto e incorporarla con movimientos envolventes a la preparación anterior.

Repartir en copas. Enfriar muy bien en la heladera.

Coulis

Licuar las frutillas junto con el azúcar. Pasar a una cacerolita y llevar al fuego durante 5 minutos.

Servir la espuma acompañada con el coulis caliente o frío. Decorar cada copa con una frutilla y una rodaja de limón.

Copas con limoncello

La coppa al limoncello

⁕⁕⁕

8 PORCIONES

Colocar las yemas en un bol. Agregar el azúcar en forma de lluvia, mientras se bate con batidor de alambre. Añadir el limoncello. Llevar a baño de María y batir constantemente durante 10 minutos. Retirar del calor y seguir batiendo hasta que la preparación se enfríe. Batir la crema a 3/4 punto e incorporarla con suavidad. Trozar las vainillas. Combinar el café con el limoncello adicional. Romper los amaretti Distribuir las vainillas en copas, humedecerlas con la mezcla de café y esparcir por encima los amaretti. Cubrir con la crema de limoncello. Decorar con pequeñas escamas de chocolate o chocolatines con almendras. Enfriar muy bien en la heladera. Justo antes de servir, completar la decoración con hojas de menta y tiritas de corteza de limón escarchadas.

INGREDIENTES

> **4 yemas**
> **6 cucharadas de azúcar**
> **50 cc de limoncello (pág. 215)**
> **500 cc de crema de leche**
> **100 g de vainillas**
> **70 cc de café espresso**
> **2 cucharadas adicionales de limoncello (pág. 215)**
> **100 g de amaretti (pág. 209)**
> **chocolate, menta y corteza de limón para decorar**

Copas frutales

Coppe di frutta rosa

--- ☙❧ ---

INGREDIENTES

6 PORCIONES

> **2 peras**
> **2 manzanas**
> **jugo de 2 naranjas**
> **jugo de 1 limón**
> **3 cucharadas de azúcar**
> **nuez moscada**
> **300 g de frutillas**
>   **maduras**

Coulis
> **250 g de frutillas**
> **50 g de azúcar**
> **helado de naranja o de**
>   **crema para acompañar**

Pelar las peras y las manzanas. Quitarles los centros y cortarlas en gajos finos.
Poner ambas frutas en una cacerola junto con el jugo de naranjas, el jugo de limón y el azúcar.
Llevar al fuego y cocinar durante 15 minutos.
Perfumar con un toque de nuez moscada.
Incorporar las frutillas. Cocinar por 5 minutos más y apagar el fuego.

Coulis
Licuar las frutillas junto con el azúcar. Pasar a una cacerolita, llevar al fuego y cocinar por 5 minutos.
Repartir en copas las frutas cocidas, tibias o frías. Colocar encima una bocha de helado de naranja o de crema. Rociar con el coulis y servir.

Peras cocidas en vino
con sabayón
Pere cotte nel vino con zabaione

꙰

6 PORCIONES

INGREDIENTES

Pelar las peras sin quitarles el cabito. Disponerlas en una cacerola junto con el vino, la canela, los clavos de olor y el azúcar. Hervir durante 10 minutos o hasta que las peras estén tiernas, pero no deshechas. Dejar enfriar en el vino.

> **6 peras firmes**
> **750 cc de vino tinto de buena calidad**
> **1 rama de canela**
> **2 o 3 clavos de olor**
> **80 g de azúcar**

Sabayón
Colocar en un bol las yemas, el azúcar y el marsala. Llevar a baño de María y batir con batidora eléctrica hasta obtener un sabayón espumoso y espeso. Retirar del baño y continuar batiendo hasta que se enfríe.
Escurrir las peras. Colar el vino, ponerlo en una cacerolita y llevar al fuego hasta que se reduzca y tome punto jarabe.
Servir las peras sobre un espejo de sabayón. Decorar con hilos del jarabe de vino y esparcir por encima los piñones.

Sabayón
> **2 yemas**
> **2 cucharadas de azúcar**
> **6 medidas de marsala (utilizar media cáscara de huevo como medida)**
> **20 g de piñones tostados para decorar**

Copas con peras glaseadas

Coppe con pere glassate

✥

INGREDIENTES

6 PORCIONES

> **300 g de azúcar**
> **1 rama de canela**
> **6 peras grandes y firmes**
> **3 yemas**
> **250 g de queso mascarpone**
> **2 cucharadas de grapa**
> **3 cucharadas de marrasquino**
> **12 vainillas**
> **chocolate y almendras, o cacao, para decorar**

Ubicar en una cacerola 500 cc de agua, 200 g de azúcar y la canela. Hervir durante 20 minutos, hasta obtener un almíbar. Pelar las peras, sumarlas al almíbar y cocinar por 5 minutos, hasta que estén tiernas, pero no deshechas. Dejarlas enfriar en el almíbar. Escurrir las peras, cortarlas por el medio y quitarles las semillas. Retirar la parte más angosta, para dar forma de semiesfera a cada mitad. Cortar en trocitos la parte que se retiró. Colocar en una cacerolita el azúcar restante y 1 cucharada de agua. Llevar al fuego hasta obtener un almíbar a 110°C. Batir las yemas a blanco. Verter sobre ellas el almíbar, en forma de hilo, mientras se continúa batiendo hasta que se enfríe. Incorporar el mascarpone y batir hasta lograr una crema homogénea.
Combinar la grapa con el marrasquino y 100 cc de agua. Humedecer las vainillas con la mezcla. Distribuir en copas los trocitos de pera. Colocar en cada copa 2 vainillas, apoyar encima media pera y cubrir con la crema de mascarpone. Enfriar en la heladera.
Decorar con hilos de chocolate y almendras tostadas, o espolvorear con cacao.

Crema de quesos
con coulis de frutillas
Crema di formaggi con coulis di fragole

〜◯〜

8 PORCIONES

INGREDIENTES

Cortar en pequeños gajos 100 g de frutillas; reservar. Procesar el resto de las frutillas con las 4 cucharadas de azúcar y el jugo de limón. Pasar a un bol y agregar el licor y las frutillas en gajos que se habían reservado. Mantener en la heladera.
Procesar la ricota junto con el queso mascarpone y el yogur. Añadir la ralladura de limón, los 80 g de azúcar y la canela.
Distribuir la mezcla de quesos en copas o vasos transparentes, por capas, intercalando la preparación de frutillas.
Decorar con hojas de menta y frutillas enteras. Enfriar en la heladera hasta el momento de servir.

> 300 g de frutillas
> 4 cucharadas de azúcar
> jugo de 1/2 limón
> 2 cucharadas de licor de naranjas
> 250 g de ricota
> 100 g de queso mascarpone
> 200 g de yogur natural
> ralladura de 2 limones
> 80 g de azúcar
> 1 cucharadita de canela en polvo
> menta y frutillas para decorar

Nota
Si se prefiere, emplear coñac en lugar de licor de naranjas.

Tiramisú

Tiramisú

 ✉✉✉

INGREDIENTES 8 PORCIONES

> **300 cc de crema de leche**
> **4 yemas**
> **150 g de azúcar**
> **500 g de queso mascarpone**
> **1 taza de café fuerte, frío**
> **1/2 pocillo de whisky**
> **12 a 14 vainillas**
> **cacao para espolvorear**

Batir la crema a medio punto. Batir a baño de María las yemas con el azúcar, hasta que estén pálidas. Unir el mascarpone con la crema y las yemas.

Combinar el café con el whisky; embeber ligeramente las vainillas en la mezcla.

En copas o en un molde disponer, por capas, las vainillas y la preparación de mascarpone. Llevar a la heladera por lo menos 3 horas.

Espolvorear con cacao antes de servir.

En un pequeño pueblo costero del sur de Italia, los hombres volvían agotados a sus hogares después de la pesca. Las mujeres, cansadas de la indiferencia de sus maridos, inventaron un postre con café fuerte para despertarlos, licor para alegrarlos y una crema dulce para predisponerlos al amor. Cuenta la leyenda que desde entonces fueron mucho más felices. Tiramisú significa "levántame". Es uno de los postres más conocidos en el mundo, con distintas variantes.

Variante con frutas rojas

Colocar en una ollita 400 g de frutas rojas (arándanos, frambuesas, cerezas, frutillas), el jugo de 1 limón, 100 g de azúcar y 1/2 vaso de oporto o marsala. Cocinar a fuego lento aproximadamente 10 minutos. Pasar por el mixer, dejar enfriar y agregar 1 vasito de whisky.

Embeber ligeramente en la salsa de frutas rojas 400 g de lengüitas de gato. Repartirlas en copas, intercalando una crema de mascarpone igual a la del tiramisú clásico. Refrigerar por 3 horas. Decorar con frutas rojas y hojas de menta.

Zuppa inglese

Zuppa inglese

ळ×७

6 A 8 PORCIONES

Calentar la leche en una cacerola. Combinar en un bol el azúcar, el almidón, el polvo para postre de vainilla, las yemas y los huevos. Verter la mezcla sobre la leche caliente y revolver enérgicamente para que no se formen grumos. Agregar la corteza de limón. Cocinar hasta que hierva. Retirar del fuego, batir bien y volver al fuego hasta que hierva de nuevo. Repetir este procedimiento dos veces más.
Retirar del fuego y perfumar con la vainilla. Separar en dos partes. Incorporar a una de ellas el cacao, el chocolate picado y el ron; mezclar hasta que se funda el chocolate. Cubrir ambas preparaciones con film en contacto y dejar enfriar.
Remojar las vainillas en el guindado. Tapizar con ellas un molde savarin. Colocar dentro, por capas, la crema blanca, vainillas y la crema de chocolate. Refrigerar hasta el día siguiente, o por lo menos varias horas.
Decorar con frutas rojas y crema batida.

INGREDIENTES

> 1,25 litro de leche
> 6 cucharadas colmadas de azúcar
> 5 cucharadas de almidón de maíz
> 1 cucharada de polvo para postre de vainilla
> 4 yemas
> 3 huevos
> 1 trocito de corteza de limón
> esencia de vainilla
> 2 cucharadas de cacao amargo
> 100 g de chocolate para taza
> 2 cucharadas de ron
> 14 vainillas, aproximadamente
> 1 y 1/2 vaso de guindado
> frutas rojas y crema de leche para decorar

Después de la Segunda Guerra Mundial, Italia fue uno de los destinos turísticos preferidos por los europeos, en especial los ingleses, que buscaban sol y buena cocina. En los restaurantes, cuando pedían un postre típico, les servían esta delicia que había nacido mucho antes en Siena. Los mozos decían "una zuppa per gli inglesi", y de allí quedó zuppa inglese.

Cassata siciliana

Cassata siciliana

〰〰〰〰〰〰 ⚬⚬ 〰〰〰〰〰〰

INGREDIENTES

8 PORCIONES

> **800 g de ricota**
> **350 g de azúcar**
> **1 cucharada de esencia de vainilla**
> **1 cucharada de esencia de naranja**
> **100 g de chocolate**
> **250 g de fruta abrillantada**
> **150 g de pistachos**
> **1 bizcochuelo mediano**
> **2 cucharadas de marrasquino o kirsch**

Glasé real
> **1 clara**
> **200 g de azúcar impalpable**
> **3 o 4 gotas de jugo de limón**
> **gotas de colorante verde**
> **grana de colores y fruta abrillantada para decorar**

Pasar la ricota por tamiz y colocarla en un bol. Agregar el azúcar, las esencias, el chocolate cortado en trocitos, la fruta abrillantada picada y los pistachos. Mezclar para integrar bien todo. Cortar el bizcochuelo en tiras de 3 cm de ancho. Humedecerlas con el marrasquino diluido con 1 cucharada de agua. Forrar con parte de las tiras un molde semiesférico de 26 cm de diámetro. Rellenar con la preparación de ricota y cubrir con las tiras de bizcochuelo restantes. Enfriar durante 12 horas en la heladera.

Glasé real
Batir ligeramente la clara. Incorporar de a poco el azúcar impalpable cernida, sin dejar de batir. Añadir el jugo de limón y el colorante. Desmoldar la cassata y cubrir con el glasé. Decorar con grana de colores y fruta abrillantada.

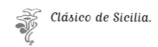 *Clásico de Sicilia.*

Charlotte fría
con uvas y yogur
Charlotte fredda con uva e yogurt

ᘓᐯᓂ

8 PORCIONES

Colocar las frambuesas en un bol; pisarlas con un tenedor hasta obtener un puré grueso. Incorporar el yogur y el azúcar.
Hidratar la gelatina en 1/4 taza de agua fría y disolverla sobre el fuego, sin que llegue a hervir. Dejarla entibiar, añadirla a la preparación anterior e integrarla bien.
Batir la crema a medio punto y agregarla con movimientos envolventes.
Cortar las uvas por el medio. Retirar las semillas y la piel.
Diluir el marrasquino con 1 vaso de agua. Usarlo para humedecer las vainillas.
Mojar con agua un molde para charlotte de 20 cm de diámetro. Tapizarlo con la mitad de las vainillas, esparcir la mitad de las uvas y cubrir con la mitad de la crema de frambuesas.
Colocar el resto de las vainillas, las uvas y la crema de frambuesas. Alisar la superficie.
Enfriar en la heladera durante 12 horas o en el freezer por 4 horas. Desmoldar, decorar con uvas y servir.

INGREDIENTES

> **200 g de frambuesas**
> **300 g de yogur natural**
> **80 g de azúcar**
> **14 g de gelatina sin sabor**
> **250 cc de crema de leche**
> **36 uvas negras**
> **1 copita de marrasquino**
> **24 vainillas**
> **uvas para decorar**

Budín de pan dulce
con frutas rojas
Budino di panettone con frutta rossa

························ ⚬ ························

INGREDIENTES   8 PORCIONES

> 250 g de azúcar para
acaramelar el molde
> 1 pan dulce
> 500 g de frutas rojas
> 6 yemas
> 2 huevos
> 1 cucharadita de esencia
de vainilla
> 250 g de azúcar
> 750 cc de crema de
leche
> 250 cc de leche
> ralladuras de limón y de
naranja

Acaramelar una budinera y dejar enfriar.
Cortar el pan dulce en rebanadas; descortezar y
desmigajar. Cortar por el medio las frutas rojas
más grandes. Reservar.
Colocar en un bol las yemas, los huevos, la
esencia de vainilla y el azúcar. Agregar la crema
y la leche; mezclar.
Incorporar las ralladuras de cítricos, las migas de
pan dulce y las frutas rojas reservadas. Integrar
bien todo.
Verter la preparación en el molde acaramelado.
Cocinar en horno moderado, a baño de María,
hasta que esté firme.
Llevar a la heladera por 3 horas.

Coulis
> 300 g de frutas rojas
> 100 g de azúcar
> 2 cucharaditas de jugo
de naranja
> menta para decorar

Coulis
Poner en una cacerolita las frutas, el azúcar y el
jugo de naranja. Hervir durante 10 minutos.
Desmoldar el budín, decorar con hojas de menta
y servir con el coulis.

Budín húmedo
de chocolate
Rammolino di cioccolato

୧୦

Fundir el chocolate a baño de María, junto con la leche. Derretir la manteca y dejarla enfriar. Batir las claras a punto nieve bien firme. Reservar todo por separado. Mezclar en un bol las yemas con el azúcar impalpable. Agregar el chocolate, la manteca, la harina y, por último, las claras. Unir con suavidad.
Colocar la preparación en un molde para budín inglés bien enmantecado, llenándolo hasta las 3/4 partes de su capacidad.
Hornear a 170°C a baño de María con bastante agua, durante 1 hora. El budín debe notarse húmedo al probar con un palillo.
Desmoldar sobre una bandeja y estacionar hasta el día siguiente antes de consumir.
Cortar en tajadas y servir con crema de leche, crema inglesa o curd.

INGREDIENTES

> 220 g de chocolate para taza
> 3 cucharadas de leche
> 220 g de manteca
> 4 claras
> 4 yemas
> 220 g de azúcar impalpable
> 220 g de harina 0000
> crema de leche, crema inglesa (pág. 192) o curd (pág. 207) para servir

Las amigas de mi nonna María preparaban con maestría este postre, al que llamaban rammolino, porque debe quedar tierno. Yo mantuve la tradición, siempre con gran sucesso entre mis amores, mi familia y mis amigos. Hoy les paso con entusiasmo esta receta centenaria, que sin duda tendrá la aceptación de todos los amantes del chocolate.

Arrollado
a las especias con chocolate
Tronchetto alle spezie al cioccolato

⚬⚬

INGREDIENTES   6 PORCIONES

Masa
> **4 huevos**
> **80 g de azúcar**
> **1 pizca de sal**
> **80 g de harina leudante**
> **1/2 cucharada de especias para tortas**

Relleno
> **100 cc de crema de leche**
> **200 g de chocolate**
> **2 cucharadas de licor de naranjas**
> **2 cucharadas de mermelada a gusto**

Crema inglesa
> **3 yemas**
> **3 cucharadas de azúcar**
> **200 cc de crema de leche**
> **100 cc de leche**
> **1 trozo de corteza de naranja**

Masa
Batir a punto cinta los huevos, el azúcar y la sal, con batidora eléctrica. Agregar en forma envolvente la harina tamizada con las especias. Extender la masa sobre una placa de 20 por 30 cm, forrada con papel enmantecado, y alisar. Hornear a 180°C durante 15 minutos. Desmoldar sobre un lienzo húmedo espolvoreado con azúcar. Enrollar con el papel; dejar enfriar. Desenrollar y quitar el papel.

Relleno
Calentar la crema, verterla sobre el chocolate picado y dejar reposar. Mezclar y batir a punto armado.
Diluir el licor con 2 cucharadas de agua y humedecer la masa. Untar con la mayor parte de la crema de chocolate, enrollar y pincelar con la mermelada. Decorar con la crema de chocolate restante y refrigerar. Servir con crema inglesa.

Crema inglesa
Batir a blanco las yemas con el azúcar. Calentar la crema con la leche y la corteza de naranja; verter sobre el batido, mezclando con cuchara de madera. Cocinar hasta que nape la cuchara (85°C). Colar, cubrir con film en contacto y dejar enfriar.

Tortelloni burro-oro

Tortelloni burro-oro

Strudel con uva e fichi secchi

Pequeños babás

al chocolate

Piccoli babá al cioccolato

12 PORCIONES

Mezclar la levadura con la leche y 40 g de harina. Dejar fermentar 30 minutos. Combinar en un bol la harina restante cernida, el azúcar y la sal. Agregar la manteca blanda, los huevos, la ralladura y el fermento. Formar una masa blanda, tapar y dejar leudar. Desgasificar la masa y distribuirla con una cuchara en 12 moldes cilíndricos de 6 cm de alto y 5 cm de diámetro, llenando las 3/4 partes. Tapar y dejar leudar 30 minutos. Hornear a 180°C por 20 minutos. Dejar enfriar y desmoldar en una fuente.

Almíbar
Hervir 2 vasos de agua con el azúcar y la corteza de cítricos por 15 minutos. Perfumar con la bebida elegida y empapar los babás. Dejar enfriar.

Ganache
Hervir la crema, verterla sobre el chocolate picado y dejar reposar 5 minutos. Mezclar y agregar la manteca. Servir con los babás.

INGREDIENTES

> **20 g de levadura fresca**
> **3 o 4 cucharadas de leche tibia**
> **300 g de harina 0000**
> **30 g de azúcar**
> **1 pizca de sal**
> **100 g de manteca blanda**
> **4 huevos**
> **ralladura de 1/2 limón**

Almíbar
> **200 g de azúcar**
> **corteza de 1 limón y de 1 naranja**
> **50 cc de ron, kirsch o coñac**

Ganache
> **100 cc de crema de leche**
> **100 g de chocolate**
> **1 cucharadita de manteca**

El rey de Polonia Estanislao Leszek, fanático lector de Alí Babá y los 40 ladrones, ideó en 1738, durante su exilio en Lorena, este postre que después fue difundido en Nápoles por pasteleros franceses e italianos.

Struffoli

Struffoli

⚬⚬⚬

INGREDIENTES

8 PORCIONES

> **400 g de harina**
> **1 cucharada de azúcar**
> **1 cucharadita de alcohol fino**
> **1 cucharada de manteca blanda**
> **1 cucharadita de ralladura de naranja**
> **1 cucharadita de ralladura de limón**
> **4 huevos**
> **1 pizca de sal**
> **aceite para freír**
> **120 g de azúcar**
> **300 g de miel**
> **2 cucharadas de agua**
> **50 g de fruta glaseada (cidra, zapallo, naranja)**
> **confites plateados y blancos**

Disponer la harina en forma de corona sobre la mesada. Ubicar en el centro la cucharada de azúcar, el alcohol, la manteca blanda, las ralladuras de naranja y de limón, los huevos y la sal. Unir para lograr un bollo. Amasar hasta que resulte liso y elástico. Tapar y dejar reposar durante 1 hora.

Volver a amasar. Dividir en varias partes, formar cordones y cortar trocitos, como pequeños ñoquis.

Calentar abundante aceite en una sartén. Freír los struffoli de a pocos por vez hasta que se doren. Escurrir sobre papel absorbente.

Colocar en una cacerola los 120 g de azúcar, la miel y el agua. Hervir hasta que desaparezca la espuma de la superficie y la preparación tome color dorado. Agregar los struffoli fritos y la fruta glaseada, cortada en dados pequeños. Mezclar y verter sobre un plato grande.

Con las manos mojadas, para no quemarse (pues esto debe hacerse en caliente), formar una pirámide. Decorar con los confites.

 Clásico de Nápoles.

Galani con chiacchere

Galani con chiacchere

ⓧ

8 PORCIONES

Formar una corona con la harina, el azúcar y la sal. Poner en el centro la manteca en trocitos y los huevos apenas batidos. Unir con el vino o la grapa. Trabajar la masa hasta que resulte lisa. Dejar reposar 20 minutos. Estirar a máquina o a mano. Cortar con la ruedita tiras de 6 por 10 cm. Freír los chiacchere en aceite caliente. Escurrir sobre papel absorbente.

Crema pastelera
Mezclar las yemas, el huevo, el azúcar, el almidón y la corteza de limón. Verter sobre la leche caliente. Llevar al fuego, cocinar hasta que espese y retirar. Descartar la corteza de limón. Añadir la esencia y la manteca; integrar bien. Refrigerar por 1 hora.

Ganache
Calentar la crema, verterla sobre el chocolate picado, dejar reposar y luego mezclar. Acomodar en una fuente la mitad de los chiacchere y cubrir con la mitad de la crema pastelera. Repetir las capas. Decorar con la ganache y servir.

INGREDIENTES

> **400 g de harina 0000**
> **60 g de azúcar**
> **1 pizca de sal**
> **50 g de manteca**
> **2 huevos**
> **1 vaso de vino blanco seco o grapa**
> **aceite para freír**

Crema pastelera
> **4 yemas**
> **1 huevo**
> **6 cucharadas de azúcar**
> **5 cucharadas de almidón de maíz**
> **corteza de 1 limón**
> **1 litro de leche**
> **esencia de vainilla**
> **50 g de manteca**

Ganache
> **100 cc de crema de leche**
> **100 g de chocolate**

Tarta a la naranja

Crostata all'arancia

∽✦∽

INGREDIENTES

8 PORCIONES

Masa
> 250 g de harina leudante
> 1 pizca de sal
> 120 g de manteca fría
> 50 g de azúcar
> 3 yemas
> 2 cucharadas de jugo de naranja
> 50 g de almendras

Relleno
> 5 huevos
> jugo de 3 naranjas
> 150 g de azúcar
> 50 g de manteca

Cubierta
> 3 naranjas
> 100 g de azúcar
> 1 taza de agua

Masa
Procesar la harina con la sal y la manteca fría hasta obtener un arenado; pasar a un bol. Agregar el azúcar, las yemas y el jugo de naranja. Tomar la masa sin trabajarla demasiado. Envolver en film y dejar descansar en heladera por 30 minutos.
Estirar la masa, esparcir por encima las almendras finamente picadas y pasar el palote para que se adhieran. Forrar con la masa un molde de 24 cm de diámetro.

Relleno
Batir ligeramente los huevos con el jugo de naranja y el azúcar. Incorporar la manteca fundida y fría. Rellenar la masa con la mezcla. Cocinar en horno moderado de 40 a 45 minutos. Retirar y dejar enfriar.

Cubierta
Lavar muy bien las naranjas y cortarlas en rodajas, sin pelarlas.
Colocar en una cacerola el azúcar y el agua. Hervir durante 10 minutos. Añadir las naranjas y cocinar 5 minutos más.
Escurrir las naranjas sobre una rejilla. Decorar con ellas la superficie de la tarta.

Tarta de duraznos
y chocolate
Crostata alle pesche e cioccolato

⊙⊙⊙

8 PORCIONES

INGREDIENTES

Masa

Procesar la harina con las almendras, el cacao y la manteca fría hasta obtener un arenado; pasar a un bol. Agregar el azúcar, el huevo y el vermut. Integrar todo y formar un bollo. Dejar descansar por 30 minutos en la heladera.

Estirar la masa y forrar un molde desmontable rectangular. Cubrir con papel manteca o de aluminio y rellenar con porotos. Hornear a 180°C durante 20 minutos. Quitar los porotos y el papel. Cocinar por 10 minutos más. Dejar enfriar y desmoldar.

Relleno

Fundir el chocolate a baño de María, junto con la manteca y la crema. Dejar entibiar y perfumar con el licor. Extender esta crema sobre la masa. Escurrir los duraznos, cortarlos en gajos y decorar la tarta. Llevar a la heladera durante 2 horas.

Espolvorear con azúcar impalpable antes de servir.

Masa
> 150 g de harina 0000
> 100 g de almendras molidas a polvo
> 2 cucharadas de cacao
> 125 g de manteca fría
> 70 g de azúcar
> 1 huevo
> 2 cucharadas de vermut blanco dulce

Relleno
> 200 g de chocolate para taza
> 100 g de manteca
> 100 cc de crema de leche
> 1 copita de licor a gusto
> 1 lata de duraznos
> azúcar impalpable para espolvorear

Tarta de ricota
y frambuesas
Crostata di ricotta e lamponi

❧

INGREDIENTES

6 PORCIONES

Masa
> 250 g de harina 0000
> 200 g de manteca fría
> 50 g de azúcar
> agua fría para unir

Relleno
> 500 g de ricota
> 120 g de azúcar
> 2 yemas
> ralladura de 1 limón y de 1 naranja
> 1 cucharada de almidón de maíz
> 2 claras
> 250 g de dulce de frambuesas
> azúcar impalpable para espolvorear
> frambuesas frescas para decorar

Masa
Procesar la harina con la manteca fría. Agregar el azúcar y el agua fría necesaria para formar un bollo, sin trabajar demasiado. Dejar reposar durante 20 minutos en la heladera. Estirar la masa y forrar un molde de 24 cm de diámetro.

Relleno
Colocar en un bol la ricota, el azúcar, las yemas, las ralladuras de cítricos y el almidón de maíz; mezclar bien. Batir las claras a nieve e incorporarlas con movimientos envolventes. Diluir el dulce de frambuesas con 2 cucharadas de agua, sobre el fuego. Extenderlo sobre la masa. Verter encima el relleno de ricota. Alisar la superficie.
Hornear a 180°C de 35 a 40 minutos. Dejar enfriar.
Espolvorear con azúcar impalpable y decorar con frambuesas.

Tarta de uvas y ciruelas

Crostata di uva e prugne

⟡⟡⟡

6 PORCIONES

Masa frola

Procesar la harina con la manteca fría, pasar a un bol y agregar el azúcar. Mezclar los huevos con la leche y la esencia de vainilla, incorporarlos a la preparación anterior e integrar hasta formar un bollo. Dejar reposar durante 20 minutos en la heladera.
Estirar la masa y forrar un molde de 24 cm de diámetro.

Relleno

Hidratar las ciruelas con agua caliente. Escurrirlas y colocarlas en una cacerola con 2 cucharadas del agua del remojo.
Lavar las uvas, quitarles las semillas y agregarlas a la cacerola junto con el azúcar. Hervir a fuego suave durante 15 minutos. Escurrir las frutas y reservar la jalea que habrá formado el líquido.
Disponer las frutas sobre la masa. Cocinar en horno moderado durante 40 minutos. Dejar enfriar.
Servir cada porción de tarta con un poco de la jalea reservada.

INGREDIENTES

Masa frola
> **300 g de harina leudante**
> **120 g de manteca fría**
> **100 g de azúcar**
> **2 huevos**
> **1/2 taza de leche fría**
> **esencia de vainilla**

Relleno
> **350 g de ciruelas secas
  sin carozo**
> **800 g de uvas negras**
> **100 g de azúcar**

Timbal de peras
a la piamontesa
Timballo di pere alla piamontese

························ ⊘⊗⊙ ························

INGREDIENTES   6 A 8 PORCIONES

Masa

> **200 g de harina 0000**
> **100 g de harina de maíz**
> **1 pizca de sal**
> **150 g de manteca fría**
> **150 g de azúcar**
> **3 yemas**
> **2 cucharadas de**
> **mermelada de duraznos**

Relleno

> **800 g de peras**
> **100 g de azúcar**
> **1 cucharadita de canela**
> **en polvo**
> **2 clavos de olor**
> **vino tinto**

Masa

Procesar las dos harinas con la sal y la manteca fría; pasar a un bol. Añadir el azúcar y las yemas. Formar un bollo, sin amasar demasiado e incorporando agua, si fuera necesario. Dejar reposar durante 30 minutos.
Dividir la masa en dos partes y reservar una de ellas. Estirar la otra parte y forrar un molde de 24 cm de diámetro. Pincelar la base con la mermelada.

Relleno

Pelar las peras, quitarles las semillas y cortarlas en trozos. Ponerlas en una cacerola junto con el azúcar, la canela y los clavos de olor. Cubrir con vino tinto. Cocinar a fuego lento durante 20 minutos o hasta que estén tiernas. Dejar enfriar y luego escurrir.
Acomodar las peras dentro del molde. Estirar la masa reservada y cubrir las peras.
Cocinar en horno moderado durante 40 minutos, o hasta que se dore la superficie.

Strudel con uvas
e higos secos
Strudel con uva e fichi secchi

❦

10 PORCIONES

Masa
Procesar la harina con la sal y la manteca fría; pasar a un bol. Añadir el huevo y la yema. Formar un bollo, sin amasar demasiado e incorporando agua si fuera necesario. Dejar reposar por 1 hora a temperatura ambiente.

Relleno
Hidratar las pasas en el ron. Picar los higos, los pistachos y las almendras. Cortar las uvas por el medio y retirar las semillas. Combinar todo con la canela y el azúcar.
Dorar ligeramente el pan rallado en una sartén con 20 g de manteca.
Estirar la masa en forma de rectángulo. Esparcir el relleno de frutas, el pan rallado y 20 g de manteca en trocitos. Enrollar y colocar sobre una placa forrada con papel manteca.
Unir la manteca restante, bien blanda, con el huevo y el azúcar impalpable; pincelar la superficie del strudel. Hornear a 180°C durante 40 minutos, pincelando a menudo con la mezcla de huevo.

INGREDIENTES

Masa
> **300 g de harina**
> **1 pizca de sal**
> **70 g de manteca fría**
> **1 huevo**
> **1 yema**

Relleno
> **2 cucharadas de pasas de uva**
> **2 cucharadas de ron**
> **100 g de higos secos**
> **1 cucharada de pistachos tostados**
> **20 almendras peladas**
> **1 kilo de uvas negras**
> **1 cucharadita de canela en polvo**
> **70 g de azúcar**
> **1 cucharada de pan rallado**
> **60 g de manteca**
> **1 huevo**
> **1 cucharada de azúcar impalpable**

Rosca de Emilia-Romaña
Ciambella romagnola

᭢

INGREDIENTES 6 PORCIONES

> **100 g de manteca**
> **100 g de margarina**
> **1 cucharada de grasa de cerdo**
> **500 g de harina leudante**
> **3 huevos**
> **300 g de azúcar**
> **1 cucharada de miel**
> **ralladura de limón**
> **1 huevo para pincelar**
> **azúcar granulada o almendras para decorar**

Derretir por separado la manteca, la margarina y la grasa de cerdo. Dejarlas enfriar.
Colocar en un bol la harina, las materias grasas, los huevos batidos, el azúcar, la miel y la ralladura de limón.
Trabajar con un corne o espátula para unir todos los ingredientes, sin amasar con las manos.
Hacer un bollo y darle forma de cilindro.
Colocarlo sobre una placa y unir las puntas para obtener una rosca.
Practicar en la superficie unos cortes, con tijera.
Pincelar con huevo batido y esparcir por encima azúcar granulada o almendras.
Cocinar en el horno a 180°C, aproximadamente 30 minutos.

 En Emilia-Romaña, esta típica rosca de masa dura se come mojando las tajadas en vino tinto. También se puede preparar en un molde savarin.

Focaccia dulce
con frutas y piñones
Focaccia dolce con frutta e pinoli

⚬✕☉

12 PORCIONES

Disolver la levadura en el agua tibia, agregar 150 g de harina, tapar con film y dejar fermentar hasta que doble su volumen. Colocar en la procesadora el fermento, el resto de la harina, la leche tibia, la manteca fundida, el azúcar, las yemas, la sal, la ralladura y la esencia de vainilla. Accionar por pulsos hasta que se forme un bollo elástico y homogéneo. Pasar a un bol, tapar y dejar leudar hasta que duplique su volumen.

Estirar la masa hasta dejarla de 2 cm de espesor. Ubicarla en un molde de 35 cm de diámetro. Dejar leudar durante 1 hora.

Cortar las frutas, con o sin piel, en trozos pequeños. Esparcirlos sobre la masa, junto con los piñones. Espolvorear con abundante azúcar impalpable. Dejar leudar aproximadamente 20 minutos más.

Hornear a 200°C durante 20 minutos. Bajar la temperatura a 160°C y completar la cocción. Retirar y enseguida espolvorear otra vez con azúcar impalpable. Servir tibia, para la merienda.

INGREDIENTES

> **15 g de levadura fresca**
> **75 cc de agua tibia**
> **350 g de harina 0000**
> **50 cc de leche tibia**
> **75 g de manteca**
> **75 g de azúcar**
> **4 yemas**
> **1 pizca de sal**
> **ralladura de limón**
> **1 cucharada de esencia de vainilla**
> **1 pera**
> **1 manzana**
> **2 duraznos o 4 ciruelas**
> **2 cucharadas de piñones**
> **azúcar impalpable para espolvorear**

Pan de naranja y nuez

Pane all'arancia e noci

❦

INGREDIENTES

8 PORCIONES

> **3 tazas de harina**
> **4 cucharaditas de polvo para hornear**
> **1/2 cucharadita de bicarbonato de sodio**
> **1/2 cucharadita de sal**
> **1 taza de miel**
> **2 cucharadas de manteca**
> **1 huevo**
> **3/4 taza de jugo de naranja**
> **ralladura de 1 naranja**
> **3/4 taza de nueces**
> **azúcar impalpable para espolvorear**

Tamizar juntos la harina, el polvo para hornear, el bicarbonato y la sal, dejándolos caer dentro de un bol grande.

Combinar en otro recipiente la miel, la manteca derretida y fría, el huevo ligeramente batido, el jugo y la ralladura de naranja.

Incorporar la mezcla de miel a los ingredientes secos. Unir para integrar bien todo. Agregar las nueces picadas.

Verter la preparación en un molde para budín inglés enmantecado. Llevar al horno a 180°C y cocinar durante 45 minutos.

Retirar, dejar enfriar y desmoldar. Espolvorear con azúcar impalpable antes de servir.

Pan dulce

Panettone

1 PAN DULCE DE 1 KILO

Fermento
Disolver la levadura con la leche tibia y el azúcar. Agregar la harina, formar un bollo y amasar bien. Dejar leudar.

Masa
Mezclar el azúcar, la miel y las yemas. Incorporar la leche, las ralladuras, la manteca blanda, el fermento, la harina y la sal. Integrar todo hasta formar una masa tierna. Sobar bien, cubrir y dejar leudar hasta que duplique su volumen.
Desgasificar e incorporar las pasas de uva remojadas y escurridas. Formar un bollo y colocarlo en un molde de papel enmantecado. Dejar leudar.
Pintar con huevo batido y realizar en la superficie un corte en cruz, con un cuchillo filoso o con tijera. Hornear a 180°C de 45 a 50 minutos.

INGREDIENTES

Fermento
> 35 g de levadura fresca
> 150 cc de leche tibia
> 15 g de azúcar
> 250 g de harina 0000

Masa
> 70 g de azúcar
> 50 g de miel
> 3 yemas
> 125 cc de leche
> 1 cucharadita de ralladura de limón
> 1 cucharadita de ralladura de naranja
> 100 g de manteca blanda
> 250 g de harina 0000
> 1/2 cucharadita de sal
> 100 g de pasas de uva
> 1 huevo para pincelar

Cuenta la historia que, hace muchos años, un panadero de Milán llamado Tony, famoso por sus delicias, empezó a elaborar un pan con frutas. Cuando alguien lo probaba y preguntaba dónde lo vendían, recibía como respuesta que era el "pane di Tony", expresión que con el tiempo se fue transformando en panettone.

Torta al café
con bananas acarameladas
Torta al caffé con banane caramelizzate

❧

INGREDIENTES 6 A 8 PORCIONES

> **250 g de almendras y nueces**
> **150 g de harina leudante**
> **1 cucharada de café instantáneo**
> **1 cucharadita de polvo para hornear**
> **1 cucharada de canela en polvo**
> **pimienta de cuatro colores**
> **2 huevos**
> **100 g de miel**
> **100 g de melaza de maíz**
> **1 tacita de café preparado**
> **3 cucharadas de aceite de maíz**
> **120 g de azúcar**
> **2 bananas no muy maduras**

Moler finamente las almendras y las nueces. Combinarlas en un bol con la harina, el café instantáneo, el polvo para hornear, la canela y la pimienta recién molida.

Procesar los huevos con la miel, la melaza, el café preparado y el aceite hasta integrar. Añadir los ingredientes secos y seguir procesando hasta obtener una masa delicada y homogénea.

Verter en un molde de 26 cm de diámetro, forrado con papel manteca. Hornear durante 1 hora a 180°C.

Realizar un caramelo claro con el azúcar humedecida con agua. Agregar las bananas cortadas en rodajas finas y mezclar para que se impregnen.

Desmoldar la torta y ubicar sobre ella las bananas. Dejar enfriar y servir.

Torta de amaretti
con curd de cítricos
Torta di amaretti con curd di agrumi

8 PORCIONES

Fundir el chocolate a baño de María con la cucharadita de manteca.

Batir las yemas con el azúcar. Agregar la manteca derretida y fría, la harina, los amaretti molidos a polvo y el chocolate.

Batir las claras a nieve y añadirlas con movimientos envolventes.

Volcar la preparación en un molde rectangular, enmantecado y enharinado.

Cocinar durante 45 minutos en el horno precalentado a 180°C.

Acompañar cada porción de torta con una cucharada de curd.

Curd

Poner la manteca en un bol grande y fundirla a baño de María. Incorporar las ralladuras de los cítricos y luego los jugos colados. Unir bien. Agregar el azúcar y mezclar continuamente hasta que se disuelva y se integre. Retirar del calor y dejar entibiar.

Batir los huevos e incorporarlos a la preparación tibia. Llevar de nuevo a baño de María y cocinar durante unos 10 minutos, hasta que la crema espese.

Envasar en frascos y cerrar en caliente.

Conservar en la heladera hasta 3 meses.

INGREDIENTES

> **200 g de chocolate para taza**
> **1 cucharadita de manteca**
> **5 yemas**
> **200 g de azúcar**
> **200 g de manteca derretida y fría**
> **125 g de harina leudante**
> **200 g de amaretti (pág. 209)**
> **5 claras**

Curd

> **80 g de manteca**
> **ralladura y jugo de 2 naranjas y de 1 limón**
> **230 g de azúcar**
> **4 huevos**

 El curd es una crema untable dulce, de origen anglosajón, que se distingue por llevar huevos y manteca.

Torta de Módena

Torta modenese

❧

INGREDIENTES

6 PORCIONES

> **200 g de chocolate para taza**
> **100 g de manteca**
> **100 g de almendras**
> **4 yemas**
> **200 g de azúcar**
> **1 vasito de coñac**
> **1 cucharada de esencia de vainilla**
> **2 y 1/2 cucharadas de café molido**
> **4 claras**
> **manteca adicional y harina para el molde**
> **crema inglesa (pág. 192) o crema chantillí para servir**

Fundir el chocolate a baño de María, junto con la manteca. Dejar entibiar.

Moler las almendras hasta reducirlas a polvo.

Batir en un bol las yemas con el azúcar y el coñac. Incorporar el chocolate, las almendras, la esencia de vainilla y el café molido.

Batir las claras a punto nieve bien firme y agregarlas con suaves movimientos envolventes.

Forrar con papel manteca un molde desmontable de 24 cm de diámetro. Enmantecarlo y enharinarlo generosamente. Verter dentro la preparación y alisar la superficie.

Llevar al horno precalentado a 180°C y cocinar de 25 a 30 minutos.

Cortar en cuadrados. Servir con crema inglesa o crema chantillí.

Amaretti

Amaretti

ᘓᘏ

Esparcir las almendras sobre una placa y secarlas en el horno. Ponerlas en la procesadora, junto con el azúcar, y molerlas a polvo. Colocar en un bol la fécula de papas, las claras, el polvo para hornear y el polvo de almendras. Integrar todo para obtener una pasta consistente. Tomar porciones de pasta y formar bastones finos. Dividirlos en bolitas del tamaño de una nuez. Acomodar las esferitas en una placa enmantecada y enharinada. Aplastarlas ligeramente e insertar una almendra en el centro de cada una. Espolvorear con azúcar impalpable. Llevar al horno a 170°C y cocinar aproximadamente 20 minutos, hasta que los amaretti resulten secos, con la superficie dorada y levemente agrietada.
Servir con el café, o utilizar en recetas que los pidan como ingrediente (págs. 178, 181 y 207).

INGREDIENTES

> **150 g de almendras peladas**
> **300 g de azúcar**
> **50 g de fécula de papas**
> **2 claras**
> **1 cucharadita de polvo para hornear**
> **manteca y harina para la placa**
> **almendras para decorar**
> **azúcar impalpable para espolvorear**

Bizcochos de Prato

Biscottini di Prato

❦

INGREDIENTES

200 BISCOTTINI

> 5 huevos
> 5 yemas
> 450 g de azúcar
> 750 g de harina leudante
> 1 cucharada de manteca
> 1 cucharada de ralladura
  de naranja
> 1 cucharadita de esencia
  de vainilla
> 1 pizca de sal
> 250 g de almendras
  tostadas
> yema y leche para
  pincelar

Batir en un bol los huevos, las yemas y el azúcar. Agregar la harina cernida, la manteca fundida y fría, la ralladura de naranja, la esencia de vainilla y la sal. Unir todo para obtener una masa.

Amasar sobre la mesada hasta que resulte lisa. Incorporar las almendras enteras y amasar un poco más para distribuirlas de manera uniforme. Dividir la masa en porciones y formar cilindros de 2 cm de grosor. Acomodarlos en una placa forrada con papel manteca. Pintar con yema diluida con un poco de leche.

Cocinar en el horno precalentado a 180°C, aproximadamente 15 minutos.

Retirar y cortar en tajadas al sesgo. Ubicarlas sobre la placa y llevar al horno hasta que se doren de ambos lados. Dejar enfriar en la placa. Servir con vino dulce o con el café. Se pueden guardar en latas hasta un mes.

 Típicos de la ciudad de Prato, en la Toscana. En esa región, cuya capital es Florencia, los sirven en todas las confiterías, para mojar en vino dulce o para acompañar el café.

Trufas al café

Tartufi al caffé

.... ⊘⊙ ....

36 TRUFAS

INGREDIENTES

Disponer en un bol la manteca blanda y el azúcar impalpable. Trabajar hasta alcanzar punto pomada. Llevar a la heladera por 15 minutos. Fundir el chocolate a baño de María, junto con el café. Dejarlo enfriar, revolviendo cada tanto. Incorporarlo poco a poco a la crema de manteca. Enfriar en la heladera durante 1 hora. Retirar del frío y batir la preparación hasta que monte. Volver al frío por 30 minutos más. Tomar porciones pequeñas con una cucharita de té y darles forma esférica, trabajando con rapidez. Pasar algunas trufas por cacao y otras por las nueces finamente picadas. Colocar en pirotines, hundir una almendra en cada trufa y reservar en la heladera. Servir con el café.

> **125 g de manteca blanda**
> **120 g de azúcar impalpable**
> **250 g de chocolate cobertura**
> **4 tacitas de café fuerte**
> **cacao amargo para rebozar**
> **100 g de nueces**
> **36 almendras peladas**

Trufas crocantes

Tartufi croccanti

·········· ⊘⊘ ··········

> **60 g de avellanas**
> **50 g de grana de**
>   **chocolate**
> **50 g de chocolate**
>   **semiamargo**
> **1 cucharada de manteca**
> **250 g de castañas en**
>   **almíbar**

Esparcir las avellanas sobre una placa y tostarlas en el horno, cuidando que no se quemen. Picarlas finamente. Combinarlas en un plato con la grana de chocolate. Reservar.
Trozar el chocolate, ponerlo en un tazón junto con la manteca y fundirlo a baño de María. Dejar entibiar.
Escurrir las castañas y pisarlas con un tenedor hasta obtener un puré.
Incorporar el chocolate fundido en el puré de castañas. Mezclar para integrar bien todo.
Dividir la preparación en 12 porciones. Darles forma de pequeñas esferas.
Rebozar las trufas con la mezcla de avellanas y grana. Colocarlas en pirotines.
Tapar con film y guardar en la heladera hasta el día siguiente, o por lo menos 4 horas.
Servir con el café.

 El café, para ser rico, debe ser caliente como el infierno, negro como el diablo, puro como un ángel y dulce como el amor.

Café Borgia

Caffé Borgia

⚬✕⚬

2 JARRITOS

Colocar la corteza de naranja en un jarro alto.
Disolver en la leche el azúcar y el cacao;
calentar y batir con un batidor eléctrico hasta
que espume.
Verter en el jarro, al mismo tiempo, la mezcla de
leche y el café bien caliente. Coronar con la
crema batida, espolvorear con la canela y servir.

INGREDIENTES

> **1 espiral de corteza de
naranja**
> **1 taza de leche**
> **1 cucharadita de azúcar**
> **1 cucharadita de cacao**
> **1 tacita de café espresso**
> **1 cucharada de crema
de leche batida**
> **1 pizca de canela en
polvo**

Encuentro

Incontro

⚬✕⚬

1 JARRITO

Poner en un jarro alto el azúcar y el chocolate en
trocitos. Verter el café bien caliente y el ron.
Servir de inmediato.

INGREDIENTES

> **1 terrón de azúcar**
> **15 g de chocolate**
> **1 café espresso doble**
> **1/2 vasito de ron oscuro**

Café vienés
Caffé viennese

· ❧ ·

INGREDIENTES   4 JARRITOS

> 100 g de chocolate
> 200 cc de crema de leche
> 500 cc de café espresso fuerte
> 1 cucharada de azúcar
> 1 pizca de cacao
> 1 pizca de canela en polvo

Fundir el chocolate con 1/3 de la crema. Unir con el café caliente y el azúcar; revolver. Verter en jarros altos. Completar con el resto de la crema batida a punto armado. Espolvorear con el cacao y la canela. Servir enseguida.

Batido a la menta
Shakerato alla menta

· ❧ ·

INGREDIENTES   1 VASO

> 1 tacita de café espresso frío
> 1 cucharadita de azúcar
> 1 cucharada de grapa
> 1 cucharada de hielo picado
> menta para decorar

Colocar en el vaso mezclador el café, el azúcar, la grapa y el hielo; agitar hasta que espume. Verter en un vaso alto, decorar con una ramita de menta y servir antes de que baje la espuma.

Capuchino helado

Frozen capuccino

⊙⋊⊙

2 VASOS

Licuar todos los ingredientes juntos a máxima velocidad. Verter en vasos altos y servir.

INGREDIENTES

> **1 café espresso doble**
> **4 cucharadas de crema de leche**
> **1 cucharadita de azúcar**
> **4 cucharadas de licor de café**
> **abundante hielo picado**

Limoncello

Limoncello

⊙⋊⊙

2 BOTELLAS

Ubicar en un frasco de vidrio la corteza de limón, el alcohol y el clavo de olor. Cerrar herméticamente. Dejar macerar 7 u 8 días en un lugar oscuro y fresco; sacudir el frasco todos los días.
Hervir el agua con el azúcar por 10 minutos, hasta obtener un almíbar. Dejar enfriar.
Filtrar el alcohol, unir con el almíbar y embotellar. Dejar reposar durante 5 o 6 días.
Conservar en el freezer. Servir en la sobremesa.

INGREDIENTES

> **corteza de 6 limones**
> **750 cc de alcohol fino**
> **1 clavo de olor**
> **1,2 litro de agua**
> **1 kilo de azúcar**

Bellini
Bellini

··········· ❧ ···········

INGREDIENTES   6 A 8 TRAGOS

> **300 g de pulpa de
> duraznos frescos licuada
> y colada**
> **700 cc de champaña**
> **menta para decorar**

Colocar en una jarra de vidrio la pulpa de
durazno. Agregar el champaña bien frío, mezclar
y servir. Decorar con hojas de menta.

*Este trago nació en los años '50 en el mítico Harry's Bar de Venecia,
como homenaje al compositor de ópera Giovanni Bellini.*

Rossini
Rossini

··········· ❧ ···········

INGREDIENTES   6 A 8 TRAGOS

> **300 cc de jugo de
> frutillas colado**
> **700 cc de champaña
> demisec**
> **menta para decorar**

Disponer el jugo de frutillas en una jarra de
vidrio. Añadir el champaña bien frío, mezclar y
servir. Decorar con hojas de menta.

*Rossini, gran compositor de ópera y excelente gourmet, fue el
inventor de este trago.*

Negroni

Negroni

1 TRAGO

Combinar en el vaso mezclador el hielo y las bebidas. Agitar, sumar la corteza de limón y verter en los vasos. Decorar con rodajas de naranja.

INGREDIENTES

> **abundante hielo picado**
> **1/3 de gin seco**
> **1/3 de vermut rojo**
> **1/3 de bitter campari**
> **1 espiral de corteza de limón**
> **rodajas de naranja**

El conde Camillo Negroni creó este trago en Florencia, en los años '20.

Vino aromático caliente

Vin brûlé

6 TRAGOS

Poner todos los ingredientes en una cacerola. Llevar a hervor, colar y servir bien caliente.

INGREDIENTES

> **1 botella de vino tinto de buena calidad**
> **1 pizca de nuez moscada**
> **1 rama de canela**
> **2 o 3 clavos de olor**
> **corteza de 1 limón**
> **200 g de azúcar**

Índice

❦